21世纪中等职业教育系列教材

心理健康教育读本

主　审：梁　宏

主　编：张　瞻　解生杰

副主编：郎俊平　雷　娅

参　编：童昌晶　黄　彭　李　禹　陈　珉　刘赵佳鑫

何泽锋　李纯波　马　蓉　谢建军

绘　图：李　娴

西南大学出版社

国家一级出版社　全国百佳图书出版单位

图书在版编目(CIP)数据

心理健康教育读本 / 张瞻,解生杰主编. — 重庆:西南师范大学出版社,2019.8(2024.7重印)

ISBN 978-7-5621-9881-9

Ⅰ.①心… Ⅱ.①张… ②解… Ⅲ.①心理健康-健康教育-中等专业学校-教材 Ⅳ.①G444

中国版本图书馆CIP数据核字(2019)第154132号

心理健康教育读本

XINLI JIANKANG JIAOYU DUBEN

主　　编:张　瞻　解生杰

责任编辑:翟腾飞　熊家艳

责任校对:周明琼

书籍设计:起源

排　　版:江礼群

出版发行:西南大学出版社(原西南师范大学出版社)

地　　址:重庆市北碚区天生路2号

印　　刷:重庆天旭印务有限责任公司

幅面尺寸:185 mm×260 mm

印　　张:7.5

字　　数:161千字

版　　次:2019年8月　第1版

印　　次:2024年7月　第7次印刷

书　　号:ISBN 978-7-5621-9881-9

定　　价:25.00元

21世纪中等职业教育系列教材

编 委 会

前言

如果说,健康是幸福生活的基石,那么心理健康则是幸福生活的核心。很多时候,决定一个人生活质量的往往不是外在的物质条件,而更多的是一个人的心态与观念。

有人说,中等职业学校的学生是处于特殊人生阶段的特殊学生。所谓特殊人生阶段指的是中职学生正处于身心快速发展的青春期,他们面临着所有青春期孩子的共性问题,如关于自我认知的困惑、对于异性交往的好奇、来自亲子沟通的障碍以及如何调控易变情绪的难题等。与此同时,不同于以高考为主要任务的同龄普通高中学生,由于社会角色定位的不同,大多中职学生毕业后直面就业或创业,他们除了学习基础的科学文化知识以外,还要储备相关专业的知识和技能,且大部分中职学生存在学习态度不够积极、学习动机不足的问题,所以,相比于普通高中学生,他们的学习动机需要进一步激发、学习技巧需要更多的指导,同时需要职业生涯规划方面的教育与引导。基于这一现状,职业教育在引导学生收获知识、掌握技能、学会学习的同时,越来越重视"心育"工作的开展。掌握基础的心理健康知识,树立科学的心理健康意识,能够客观认识自我,主动探索与感悟生命的意义,学会与不同的人交往,掌握科学的学习方法,明确人生的目标及方向是中职学生健康成长、顺利迈入社会的坚实基础。

《心理健康教育读本》一书的编者,基于多年的学生教育管理工作实践,针对中职学生常见的心理方面的困扰,为中职学生提供心灵自助的方法及策略,以提升其心理韧性,帮助其积极面对生活。全书共分为认识心理、助人自助、自我探索、情绪调节、人际关系调节、生命教育、学习指导以及职业规划八部分,系统地介绍了心理健康的基础知识以及不同心理问题的调适技巧等。每章包括与主题相关的案例资料,基础知识以及相应的策略及技巧，此外还包括一些趣味知识，以拓宽学生视野、提升学习兴趣，对于学生掌握心理知识以及心理调适技巧，提升心理保健意识、合理规划生活、学习以及未来的职业等都具有较强的实践指导价值。本书适合作为中等职业学校学生心理健康教育教材，也可作为中学生自主学习的知识读本。

本书由梁宏主审，张瞻、解生杰主编，郎俊平、雷娅副主编，参编人员有童昌晶、黄彭、李禹、陈珉、刘赵佳鑫、何泽锋、李纯波、马蓉、谢建军，插图由李娴绘制。编写过程中引用了大量有关专家学者的论述以及著作，在此一并表示感谢。由于编者学术水平及经验方面的限制，书中内容难免有疏漏之处，敬请各位读者及同行批评指正。

编者

目录

第一章

探索心灵　健康成长
——认识心理

【写在前面】

人类的心理包罗万象,几乎所有与人相关的现象都是心理学研究的范畴。为什么交通信号中,要用红灯来表示停止?为什么吃完糖果之后再吃苹果,会觉得很酸?为什么三个和尚会没水喝?为什么青春期的孩子会出现逆反心理?这些看似平常的现象背后,都潜藏着心理规律。接下来,让我们一起走进心灵的花园,探索心理的奥秘吧。

第一节　有趣的心理现象

【案例启迪】

一群孩子每天午休时间都会在一位老人家门前嬉闹,叫声连天。每次老人都气急败坏地出来制止,但不一会儿孩子们就又开始吵闹。

后来,老人想到了一个办法。这天中午,孩子们照例跑来嬉闹,老人出来给了每个孩子10美分,对他们说:“你们让这儿变得很热闹,我觉得自己也跟着年轻了许多,我向你们表示感谢!”孩子们非常高兴,第二天一如既往地过来嬉闹,老人依然给了他们每人10美分。第三天,老人将奖励降低到每人5美分,孩子们觉得5美分也不错,嬉闹过后开心地走了。第四天,老人只给了每个孩子2美分,这次孩子们很生气,嚷道:“一天才2美分,以后我们再也不过来为你玩了!”后来,这群嬉闹的孩子再也没有出现,老人又能够安心午睡了。①

① 王园园,王晶.排解中学生成长烦恼的168个故事[M].北京:北京教育出版社,2006.

【指点迷津】

案例中的老人运用奖励巧妙地将孩子们“为自己的快乐而玩”的内在动机转变成“为得到奖励而玩”的外在动机，之后通过操纵美分奖励这个外部因素，进而改变了孩子们吵闹的行为。

动机是激发行为朝向特定目标发展的动力，由一个人的内在需要引起的动机叫内在动机，在外部环境影响下产生的动机叫外在动机。二者在推动个体行为、活动方面都发挥着重要的作用。然而，某一行为如果仅靠外在动机驱使，那么当外界条件发生改变时，行为则很难维持下去。因此，内在动机对于行为的激发和维持作用相对外在动机更加持久。

【知识链接】

一、什么是心理

（一）心理的概念

心理是什么？心理是人脑对客观现实的主观反映，是脑的功能，在实践活动中不断地发生和发展。[①]

人的心理不同于镜子，不是对外界事物的简单反射，而是具有一定的主观性。同一事物，经过不同人大脑的分析与加工，会产生不同的心理活动。例如，同样是口渴的人看到桌子上的半杯水，有的人会觉得很高兴：还有半杯水可以喝！而有的人则会抱怨：为什么只剩半杯水了？

心理现象包括心理过程和个性心理。心理过程包括感觉、知觉、记忆、思维、想象、创造等认知过程、情绪和情感过程以及意志过程。个性心理包括需要、动机、理想、信念、价值观等个性倾向以及能力、性格、气质等个性心理特征。

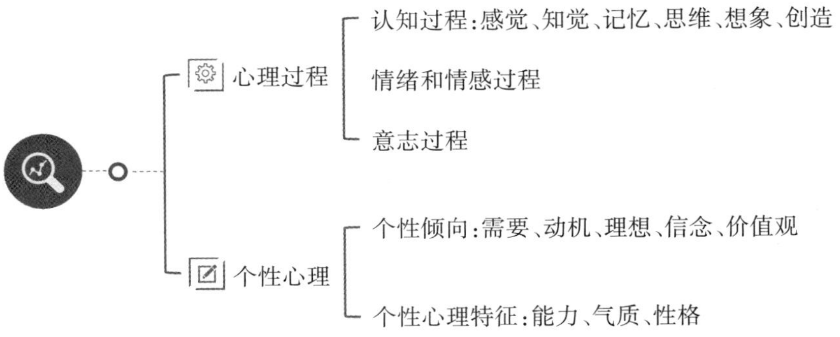

① 心理学名词审定委员会．心理学名词[M]．第2版，北京：科学出版社，2018.

(二)认识心理过程

1.感觉

感觉是人脑对直接作用于感觉器官的客观事物个别属性的反映。如眼睛能看到光线,耳朵能听到声音,鼻子能闻到气味,舌头能尝到滋味,皮肤能感受到物体的温度和光滑度以及尖锐物品接触皮肤带来的痛觉等。

2.知觉

知觉是人脑对直接作用于感觉器官的客观事物整体属性的反映。知觉是感觉的整合,它源自感觉却高于感觉,受个人知识和经验的影响,同一客观物体,不同人对它的知觉是有差别的。知觉包括空间知觉、时间知觉、运动知觉等。

3.记忆

记忆是过去的经验在人脑中的反映。记忆不像感知觉一样,反映当前作用于感觉器官的事物,而是对过去经验的反映,因此,记忆是人类智慧的根源,是人类心理发展的基础。

4.思维

思维是人脑对客观事物的本质和事物之间内在联系的认识,具有间接性和概括性。人们将过去的经验和当前的经历加以比较,由表及里、去粗存精,达到对事物本质的认识,进入理性认识的阶段,这一过程便是思维的过程。

5.情绪和情感

情绪和情感是人对客观事物的态度的体验,是人脑对客观事物与主体需要之间关系的反映。当客观事物能够满足主体需要时,产生积极的情绪,反之则产生消极的情绪。

6.意志

意志是人有意识地确立目标,调节和支配行动,并通过克服困难和挫折,实现预定目标的心理过程。

(三)认识个性心理

1.能力

能力是指顺利、有效地完成某种活动所必须具备的心理条件。如音乐能力需要具备灵敏的听觉分辨力、节奏感、旋律的记忆力、想象力和感染力等心理条件。

2.人格

人格是各种心理特性的总和,是构成一个人思想、情感和行为的特有模式,是一个人区别于他人的稳定而独特的心理品质。人格包括气质和性格。

气质表现为心理活动的强度、速度、灵活性等动力特点；性格表现在人对客观事物的态度和与这种态度相适应的行为方式。

二、什么是心理学

(一)心理学研究什么

心理学是研究心理现象的一门科学，主要研究个体心理，包括认知、情绪和动机、能力和人格，也研究团体和社会心理。①

心理现象并非人类所特有，许多动物也有心理现象。心理学的很多实验，都是先在动物身上进行的。研究动物的心理能够进而了解、预测人类的心理。

心理学家苛勒(Wolgang Köhler)将一只黑猩猩关入一个笼子里，在它旁边放置了一根短竹竿，在笼外放置了一根长竹竿和一串香蕉。黑猩猩开始试图抓取香蕉，结果失败，随后又尝试用短竹竿去拨，由于距离较远，依然失败。这时，黑猩猩急得摔棍撞栏杆。这个过程反复几次过后，黑猩猩忽然拾起短竹竿，并将其与长竹竿相连接，进而取得了香蕉。

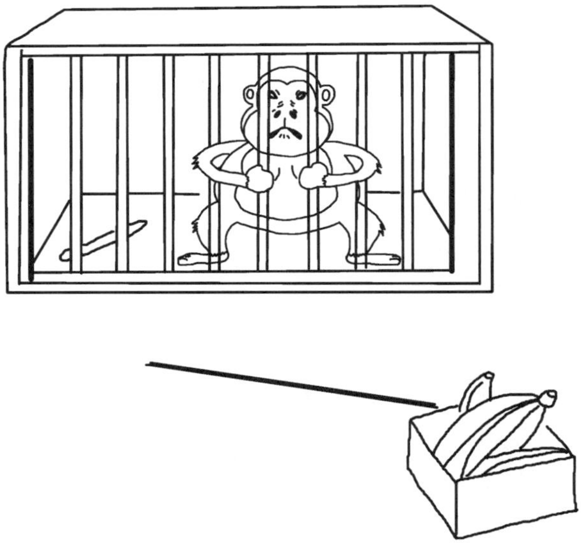

通过实验，苛勒发现，黑猩猩在处于对香蕉可望而不可即的困难情境中时，通过不断观察与尝试，突然顿悟——将长短竿连接起来可以顺利得到香蕉，进而揭示了学习可以通过观察与顿悟过程实现。②

① 彭聃龄.普通心理学[M].第4版.北京：北京师范大学出版社，2012.

② 彭聃龄.普通心理学[M].第4版.北京：北京师范大学出版社，2012.

（二）心理学的发展历史

心理学源于哲学，从古至今，人们对心理现象的探究就有着浓厚的兴趣。古今中外哲学家、思想家通过观察及经验总结，发现了很多有规律的现象。如中国古代思想家关于人性的论断：孟子主张人性本善；荀子主张人性本恶；孔子主张性相近，习相远。这些思想中蕴含了古人关于先天遗传与后天环境对人心理发展影响的分析。古希腊哲学家希波克拉底（Hippocratēs）依据人体内的四种体液，即黄胆汁、黑胆汁、黏液及血液所占比例的不同，将人的气质划分为胆汁质、多血质、黏液质和抑郁质四种类型。

这些心理方面的思想对于人的教育与管理具有很重要的意义，但仍停留在哲学思辨和经验总结的水平，不具有实证性质。

19世纪中叶，对心理现象的研究引进了实验的方法，如德国生理学家韦伯（Ernst Heinrich Weber）发现差别感觉阈限定律，德国心理学家艾宾浩斯（Hermann Ebbinghaus）对记忆进行实验研究等。1879年，冯特（Wilhelm Maximilian Wundt）在德国莱比锡大学建立了世界上第一个心理学实验室，标志着科学心理学的建立。

（三）心理学的主要流派

心理学建立初期，人们从不同的视角出发对各种心理现象展开了大量的研究与探讨，形成了不同的流派。其中颇具影响力的有精神分析学派、行为主义学派以及人本主义学派。

1.精神分析学派

精神分析学派的创始人为奥地利精神病医生弗洛伊德（Sigmund Freud），他从长期的治疗实践中总结出了精神分析学说。

弗洛伊德认为，人的心理包括意识与潜意识两部分，意识是能够被觉察到的心理活动；而潜意识则包含了人类本能的欲望和冲动，虽然不能被认知，却对人类的行为产生巨大的影响。弗洛伊德认为口误、笔误以及梦中的情节等，都是潜意识的变相体现。

弗洛伊德

没有所谓的玩笑，所有的玩笑都含有认真的成分；没有口误这回事，所有的口误都是潜意识的真实流露；当你瞧不起某个人时，这种轻视一定能够被觉察到，对方会相应地做出自卫反应。

——弗洛伊德

弗洛伊德将人格结构分为三个层次：本我、自我和超我。本我处于人格结构的最底层，由先天的欲望、本能构成，具有很强的力量，遵循快乐原则，处于潜意识层面，是非理性、非社会化、混乱无序的。自我位于人格结构的中间层，调节本我与超我之间的矛盾，遵循现实原则，力求以合理的方式来满足本我的需求。超我位于人格结构的最顶层，是社会规范、道德伦理以及价值观念的内化，遵循道德原则，一方面抑制本我的冲动，一方面对自我进行监控，追求完美的境界。

本我、自我和超我三者之间相互平衡，则一个人的人格稳定健全，如果三者之间失衡，则会导致精神疾病的产生。

2.行为主义学派

行为主义学派的创始人为美国心理学家华生(John Broadus Watson)，他认为人类的意识看不见、摸不着，不该作为心理研究的对象，心理学应该研究行为，心理研究的任务在于查明刺激与行为反应(S-R)之间的关系，进而通过施加某一刺激来控制相应行为的产生。

华生

请给我十几个健康而没有缺陷的婴儿，让我在我的特殊世界中教养，那么我可以担保，在这十几个婴儿之中，我随便拿出一个来，都可以将他训练成为任何一种专家——无论他的能力、嗜好、趋向、才能、职业及种族是怎样的，我都能够训练他成为一个医生，或一个律师，或一个艺术家，或一个商界首领，或者甚至也可以训练他成为一个乞丐或窃贼。

——华生

3. 人本主义学派

马斯洛

人本主义学派的代表人物为美国社会心理学家马斯洛(Abraham Harold Maslow)和罗杰斯(Carl Ransom Rogers)。他们反对贬低人性的生物还原论和机械决定论,认为心理学不应该只关注心理障碍者或者精神病人,更应该关注人的价值与尊严,研究对人类进步富有意义的问题。人本主义认为人除了生理需要之外,还有主观意志,有追求进步、完善自我、最终达到自我实现的需要,心理研究应该重视人自身的价值,力求充分发挥人的潜能。

马斯洛将人的需要划分为五个层次,由低到高依次为生理需要、安全需要、社交需要、尊重需要以及自我实现需要。

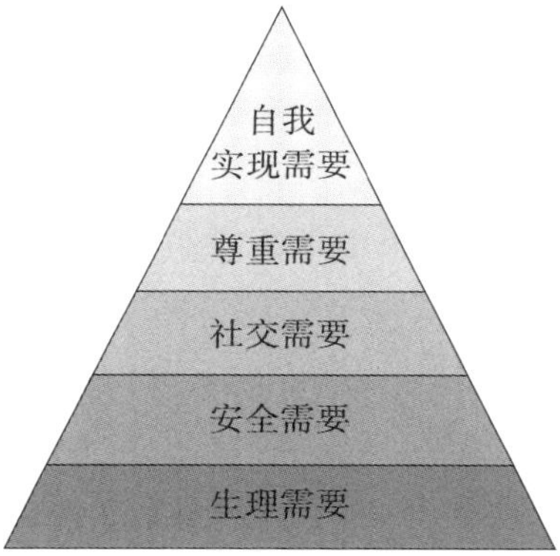

生理需要指人类生存最基本的需要,如对空气、食物、水、睡眠等的需要;安全需要指保护自己的身体免受伤害以及内心平静与安宁感的需要;社交需要包括对友谊、爱情、归属、信任与接纳等的心理需要;尊重需要包括个人自尊心、自信心、社会地位、成就感等方面的需要;自我实现需要指个人成长与发展,发挥自身潜能、实现理想的需要。

三、趣味心理实验

1. 罗森塔尔效应

1968年,美国心理学家罗森塔尔(Robert Rosenthal)等人在一所小学开展了一项“预测学生未来发展情况”的测验。他们在1至6年级各选了3个班,对这18个班的学生进行了未来发展情况测验。之后,罗森塔尔将一份“最有发展前途者”的名单交给了校长和相关老师,并叮嘱他们务必保密,以免影响实验效果。8个月后,罗森塔尔和助手们对之前那18个班的学生进行了复试，发现凡是名单上的学生，成绩都有了很大的进步，而且求知欲、自信心以及人际交往情况都有了很大提升。

其实，名单上的学生只是罗森塔尔从18个班级的学生中随机抽取的，所谓的“预测未来发展情况”的测验也并非真的能够预测未来。真正给学生带来改变的是教师在受到实验者的暗示后，不自觉地提高了对名单中学生的期望，无意中通过态度、表情等方式传递给学生更多的积极反馈，让学生体验到了信任与被期望的感觉，进而增强了他们学习和社交的动力。

2. 目击证人的记忆可靠吗

2002年，美国华盛顿发生了一起枪击案，目击证人说看到一辆白色汽车逃离现场。于是，媒体马上报道：枪击案现场附近可能有辆白色汽车。接着，在警方查问的证人中，有更多的人作证说看到白色的车在现场出现。然而，从嫌犯被捕后的口供中发现，其驾驶的实际是一辆蓝色的车。

为了考查证人的证词是否可靠，心理学家珀费可特和豪林斯将证人对案件的记忆与对一般知识的记忆进行了比较。

实验中，他们让被试看一段简短的录像，内容是关于一个女孩被绑架的案件。第二天，他们让被试回答一些有关录像内容的问题，并要求被试说出对自己回答的自信程度，然后做再认记忆测验。接下来，使用同样的方法来识记从百科全书和通俗读物中选出的一般知识问题。结果发现，在对案件内容的回忆中，那些对自己的回答十分自信的人实际上并不比那些没有信心的人更准确；而在对一般知识的回忆中，信心强的人的回忆成绩确实比信心不足的人好很多。

实验表明，人们对于自己关于一般知识的记忆能力具有自知之明，然而对具体事件的回忆能力却缺乏客观评价。所以，对事件进行判断时，要多方取证。

3. 猴子实验

美国心理学家哈洛（Harry F.Harlow）为了探讨猴子的“爱”到底源于什么，专门找来了与生母隔离开的幼侯，并为他们设计了两只类似母猴的“代理母亲”。第一个“代理母亲”是用钢丝做成，上边挂着一个奶瓶；另外一个“代理母亲”在钢丝结构外蒙上了一层柔软的布料。实验发现，幼侯除了在饥饿时会接近第一个“代理母亲”外，其他大部分时间都与第二个“代理母亲”一起度过。

由此可见，爱与依恋源于接触，而非仅仅是食物。很多父母认为，对于孩子的抚养，做到有吃有穿就可以了，这样的父母往往忽略了孩子的心理需求。

4. 遗忘曲线

德国心理学家艾宾浩斯让被试学习一定数量的无意义音节。学会后，每隔一段时间检查被试对学习材料的遗忘情况。结果发现，遗忘在学习之后立即开始，且遗忘的进程先快后慢，遗忘的内容先多后少。

艾宾浩斯由此总结出学习之后，七个复习的关键时间点，即学习之后的20分钟、1小时、2小时、一天、一周、一个月和三个月。

【心灵万花筒】

1. 眼睛欺骗了我们

2. 你看到了什么

3. 想一想，试一试

(1)夜晚，由明亮的室内走到室外时，开始会感到眼前一片漆黑，什么也看不清楚，一段时间后，黑暗中物体的轮廓就渐渐清晰了；由漆黑的室外进入明亮的室内时，一开始觉得耀眼炫目，什么都看不清，只要稍过几秒，就能看清室内的物体了。这是为什么？

(2)为什么经常看到戴着帽子的人到处找帽子，戴着手表的人到处找手表？

(3)为什么“入芝兰之室，久而不觉其香；入鲍鱼之肆，久而不闻其臭”？

(4)为什么平时吃起来很甜的苹果，在吃完巧克力之后吃会觉得有点酸？

(5)盯着室内的日光灯不动保持一分钟，之后将视线转移到旁边的白色墙壁上，试一下，你会不会看到一个和日光灯形状相同的黑色阴影？

第二节　我的心理健康吗

【案例启迪】

张老师是某中职学校的心理老师，新学期开始，他要给新生班级上一堂心理课。张老师刚迈入教室，便听到同学们小声议论："老师，我们心理很健康。"还有同学在互开玩笑，同学A向同学B说："你心理变态，你需要好好听一下。"同学B不服气地说："你才心理变态！"

【指点迷津】

从案例中同学们的语气里不难看出，对于"心理不健康""心理变态"这样的字眼，大家似乎都"唯恐避之而不及"。然而，是不是只有心理不健康或者心理变态的人才需要心理知识？"心理不健康"或者"心理变态"真的那么恐怖吗？

【知识链接】

一、健康的新理念

伴随着社会的发展和物质生活水平的提高，人们对身体健康的关注度越来越强，为便于疾病的及时发现与治疗，很多人都有定期去医院体检的好习惯。

然而，一个肢体健全、无身体疾病的人未必能够生活得开心幸福。因为除了生理上的健康之外，对一个人生活质量发挥重要影响的还有心理健康水平。学会呵护自己的心理健康，在现代社会也日益成为备受关注的话题。

早在20世纪90年代，世界卫生组织（WHO）就对健康做出了全面的阐释。健康指的是躯体健康、心理健康、社会适应良好以及道德健康。

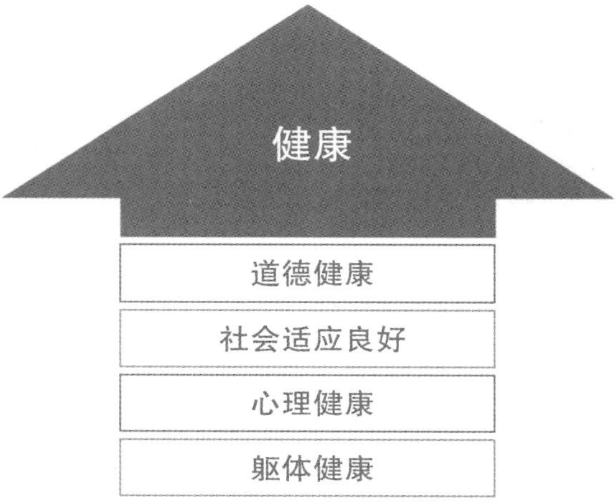

躯体健康包括两方面，一是主要脏器无疾病，身体形态发育良好，体形均匀，人体各系统具有良好的生理功能，有较强的身体活动能力和劳动能力，这是对健康最基本的要求；二是对疾病的抵抗能力较强，能够适应环境变化、各种生理刺激以及致病因素对身体的影响。

心理健康指人的内心世界与客观环境的一种平衡状态，是自我与他人之间的一种良好的人际关系的维持，即不仅能确保个体获得自我安定感和安心感，还能自我实现，具有为他人贡献和服务的能力。

社会适应良好指人为了更好地生存而进行的心理上、生理上以及行为上的各种适应性的改变，从而与社会达到和谐状态的一种执行适应能力。

道德健康指能够按照社会道德行为规范准则约束自己，并支配自己的思想和行为，有辨别真伪、善恶、美丑、荣辱的是非观念和能力。

二、心理状态的划分

心理不健康就是心理变态吗？心理变态到底是一种怎样的状态？

人的心理状态不是一成不变的，受各种内外因素的影响，会有波动与起伏，不同心理状态之间能够互相转化。

心理状态按照是否属于正常范畴这一标准，可以区分为心理正常与心理异常，其中心理异常又称心理变态；而心理正常当中，按照是否健康这一标准，又可以进一步区分为心理健康和心理不健康。

心理正常		心理异常
心理健康	心理不健康	
心理状态内在和谐	一般心理问题、严重心理问题含部分可疑神经症	神经症、心境障碍、精神分裂症、癔症等

(一)心理正常与心理异常的划分标准

1. 主客观世界相统一

心理是人脑对客观现实的反映,所有正常的心理活动都应与客观环境在形式和内容上保持一致。如果一个人坚信自己看到、听到了什么,但现实中并不存在相应的事物,则这个人很可能产生了幻觉;或者一个人产生了被害妄想、钟情妄想等现象;一个人对自己的心理或精神状况不能够做出客观理智的评价,即其自知力出现了问题。幻觉、妄想、自知力障碍都是主客观世界不统一的典型标志。

2. 心理活动内在协调

正常心理活动(认知、情绪情感和意志力)之间是相互协调、一致的。当一个人的心理活动之间不协调,如遇到一件令人开心的事,表现出痛苦的表情、低沉的语调等,则说明其心理活动的内在协调性出现了问题,这也是心理异常的重要标志。

3. 人格相对稳定

一般情况之下,一个人的人格特征一旦形成,便具有相对的稳定性。如果在没有明显外部原因的情况下,一个人的人格突然发生很大的改变,这很可能是心理异常的重要标志。

(二)心理健康的标准

世界卫生组织提出的关于心理健康的标准:

(1)智力正常;

(2)善于协调和控制情绪;

(3)具有良好的意志品质;

(4)人际关系和谐;

(5)能动地适应并改善现实环境;

(6)保持人格的完整和健康;

(7)心理行为符合年龄特征。

【心灵万花筒】

测一测

我的心理健康吗？①

请仔细阅读以下每一道题目，然后根据自己最近一星期的情况在对应的五个选项中选择最符合你实际情况的一个，并在相应的分数上打"√"，请对准题号，不要遗漏。所有答案选项均无对错之分，请务必根据自身实际情况作答。②

序号	最近一周内，我感觉	没有	很轻	中等	偏重	严重
1	头痛	1	2	3	4	5
2	神经过敏，心中不踏实	1	2	3	4	5
3	头脑中有不必要的想法或字句盘旋	1	2	3	4	5
4	头昏或昏倒	1	2	3	4	5
5	对异性的兴趣减退	1	2	3	4	5
6	对旁人责备求全	1	2	3	4	5
7	感到别人能控制自己的思想	1	2	3	4	5
8	责怪别人制造麻烦	1	2	3	4	5
9	忘性大	1	2	3	4	5
10	担心自己的衣饰整齐及仪态的端正	1	2	3	4	5
11	容易烦恼和激动	1	2	3	4	5
12	胸痛	1	2	3	4	5
13	害怕空旷的场所或街道	1	2	3	4	5
14	感到自己的精力下降，活动减慢	1	2	3	4	5
15	想结束自己的生命	1	2	3	4	5
16	听到旁人听不到的声音	1	2	3	4	5
17	发抖	1	2	3	4	5
18	感到大多数人都不可信任	1	2	3	4	5

① 戴晓阳.常用心理评估量表手册[M].北京：人民军医出版社，2015.

② 该量表为90项症状自评量表（简称SCL-90），是较为广泛的精神障碍和心理门诊检查量表，主要应用于成人的神经症、适应障碍及其他轻性精神障碍患者。

续表

序号	最近一周内，我感觉	没有	很轻	中等	偏重	严重
19	胃口不好	1	2	3	4	5
20	容易哭泣	1	2	3	4	5
21	同异性相处时感到害羞不自在	1	2	3	4	5
22	感到受骗、中了圈套或有人想抓住自己	1	2	3	4	5
23	无缘无故地突然感到害怕	1	2	3	4	5
24	自己不能控制地大发脾气	1	2	3	4	5
25	怕单独出门	1	2	3	4	5
26	经常责怪自己	1	2	3	4	5
27	腰痛	1	2	3	4	5
28	感到难以完成任务	1	2	3	4	5
29	感到孤独	1	2	3	4	5
30	感到苦闷	1	2	3	4	5
31	过分担忧	1	2	3	4	5
32	对事物不感兴趣	1	2	3	4	5
33	感到害怕	1	2	3	4	5
34	我的感情容易受到伤害	1	2	3	4	5
35	旁人能知道自己的私下想法	1	2	3	4	5
36	感到别人不理解自己、不同情自己	1	2	3	4	5
37	感到人们对自己不友好，不喜欢自己	1	2	3	4	5
38	做事必须做得很慢，以保证做得正确	1	2	3	4	5
39	心跳得很厉害	1	2	3	4	5
40	恶心或胃部不舒服	1	2	3	4	5
41	感到比不上他人	1	2	3	4	5
42	肌肉酸痛	1	2	3	4	5
43	感到有人在监视自己、谈论自己	1	2	3	4	5
44	难以入睡	1	2	3	4	5
45	做事，必须反复检查	1	2	3	4	5
46	难以做出决定	1	2	3	4	5
47	怕乘电车、公共汽车、地铁或火车	1	2	3	4	5

续表

序号	最近一周内,我感觉	没有	很轻	中等	偏重	严重
48	呼吸有困难	1	2	3	4	5
49	一阵阵发冷或发热	1	2	3	4	5
50	因感到害怕而避开某些东西、场合或活动	1	2	3	4	5
51	脑子变空了	1	2	3	4	5
52	身体发麻或刺痛	1	2	3	4	5
53	喉咙有梗塞感	1	2	3	4	5
54	感到前途没有希望	1	2	3	4	5
55	不能集中注意	1	2	3	4	5
56	感到身体的某一部分软弱无力	1	2	3	4	5
57	感到紧张或容易紧张	1	2	3	4	5
58	感到手或脚发重	1	2	3	4	5
59	想到死亡的事	1	2	3	4	5
60	吃得太多	1	2	3	4	5
61	当别人看着自己或谈论自己时感到不自在	1	2	3	4	5
62	有一些不属于自己的想法	1	2	3	4	5
63	有想打人或伤害他人的冲动	1	2	3	4	5
64	醒得太早	1	2	3	4	5
65	必须反复洗手、点数目或触摸某些东西	1	2	3	4	5
66	睡得不稳不深	1	2	3	4	5
67	有想摔坏或破坏东西的冲动	1	2	3	4	5
68	有一些别人没有的想法或念头	1	2	3	4	5
69	感到对别人神经过敏	1	2	3	4	5
70	在商店或电影院等人多的地方感到不自在	1	2	3	4	5
71	感到任何事情都很困难	1	2	3	4	5
72	一阵阵恐惧或惊恐	1	2	3	4	5
73	感到公共场合吃东西很不舒服	1	2	3	4	5
74	经常与人争论	1	2	3	4	5
75	单独一人时神经很紧张	1	2	3	4	5
76	别人对我的成绩没有做出恰当的评价	1	2	3	4	5

续表

序号	最近一周内，我感觉	没有	很轻	中等	偏重	严重
77	即使和别人在一起也感到孤单	1	2	3	4	5
78	感到坐立不安、心神不定	1	2	3	4	5
79	感到自己没有什么价值	1	2	3	4	5
80	感到熟悉的东西变成陌生或不像真的	1	2	3	4	5
81	大叫或摔东西	1	2	3	4	5
82	害怕会在公共场合昏倒	1	2	3	4	5
83	感到别人想占自己的便宜	1	2	3	4	5
84	为一些有关“性”的想法而苦恼	1	2	3	4	5
85	我认为应该为自己的过错而受到惩罚	1	2	3	4	5
86	感到要赶快把事情做完	1	2	3	4	5
87	感到自己的身体有严重问题	1	2	3	4	5
88	从未感到和其他人很亲近	1	2	3	4	5
89	感到自己有罪	1	2	3	4	5
90	感到自己的脑子有毛病	1	2	3	4	5

1. 各因子及解释：

（1）躯体化：包括1、4、12、27、40、42、48、49、52、53、56、58共12个题项，反映身体上的不适感，如头晕、头痛，胃部不适、食欲不振，心慌、胸闷，疲倦、虚弱感等。

（2）强迫症状：包括3、9、10、28、38、45、46、51、55、65共10个题项，指反复重复某一些动作，反复思考一些想法，内心感到没有必要，想要抵抗，但却无法控制地一再重复，伴有焦虑感等症状。

（3）人际关系敏感：包括6、21、34、36、37、41、61、69、73共9个题项，指在与人相处的过程中内向、敏感、不主动交谈，但对他人评价非常在意，有时显得神经过敏，偶尔会表现出被动攻击，影响人际关系，朋友较少。

（4）抑郁：包括5、14、15、20、22、26、29、30、31、32、54、71、79共13个题项，反映自我评价低、郁郁寡欢、兴趣减退、偶尔心情烦躁、不愿与人交往、睡眠质量差、多梦等方面的症状。

（5）焦虑：包括2、17、23、33、39、57、72、78、80、86共10个题项，指莫名地担心、害怕、不安，易紧张，伴有心慌、心跳加快等症状。

（6）敌对：包括11、24、63、67、74、81共6个题项，指多疑、警惕性较高，经常留意他人的一举一动，对他人的谈话议论都要加以注意，关注是否有不利于自己的言论或行动，常与人难以相处，偶尔有破坏性的行为等症状。

(7)恐怖：包括13、25、47、50、70、75、82共7个题项，指在正常情况下，对某物体、处境或人际关系产生强烈的畏惧或紧张不安的内心体验，进而出现回避现象，难以自控。

(8)偏执：包括8、18、43、68、76、83共6个题项，指敏感多疑，主观性强，固执己见，记仇且极端自恋，自尊心强。

(9)精神病性：包括7、16、35、62、77、84、85、87、88、90共10个题项，反映个体出现幻觉、妄想等精神障碍症状的程度。

(10)其他：包括19、44、59、60、64、66、89共7个题项，反映睡眠、饮食等状况。

2. 计分方式：

(1)单项分，90个项目的单项评分值。

(2)总分，即为90个项目的得分总和。

按照中国常模标准，总分160分为临床界限，超过160分说明被试可能存在着某种心理障碍。①

---

① 该量表是一个心理问题筛查量表，而不是诊断量表。界限值仅为参考标准，超过并不一定意味着有心理问题，只提示须接受专业人员的进一步检查。

第二章

为心灵打开一扇窗
——助人自助

【写在前面】

每个人的心灵都是一个房间，假如门窗紧闭，房间内只能是漆黑一片；然而，打开门窗，房间内便会洒满阳光。有时候，与其困守于漆黑的房间，独自哀伤、烦恼，倒不如勇敢地敞开心扉，接纳他人的援手。在求助与助人的过程中，共同收获成长。

第一节　我是不是抑郁了

【案例启迪】

丹丹是某中职学校一年级的学生，入校后不久，她总觉得无法适应住校生活，集体生活让她感到不舒服，总觉得周围特别吵闹。但一个人安静下来的时候，又会莫名地感到孤独、难过，经常偷偷掉眼泪。室友知道她心情不好，吃饭、上课总是主动叫上她，但她依然觉得心情不好。每天晚上躺下来，头脑里就会萦绕着各种各样繁乱的念头，无法入睡。她尝试过睡前跑步、听音乐，但都没有效果。丹丹感到生活没有乐趣可言，什么事都不想做，甚至想过结束自己的生命，曾认真思考过各种自杀的方式，但想到疼爱自己的爸妈，又觉得自己不该有这样的念头。

为了不让父母担心，她没有将自己的心事告诉他们，而是找到班主任老师倾诉。在老师的帮助和引导下，她觉得好像好一点儿了，但过后很快又会回到之前低落的状态。无奈之下，她去医院的心理科寻求心理医生的帮助，经过专业的诊断，医生告诉她，她得了重度抑郁症，需要及时接受心理疏导和治疗。

【指点迷津】

世界卫生组织有关资料显示，2011年全世界抑郁症患者约有3.5亿人，其中不乏各界成功人士、影视明星，很多抑郁症患者看起来似乎和正常人没有区别。他们为什么会莫名其妙“抑郁”了呢？抑郁症患者的世界到底是什么样的呢？

【知识链接】

一、什么是抑郁症①

抑郁症是一种常见的心境障碍，属于心理异常的范畴，主要症状包括以下几个方面。

（一）心境低落

持久而显著的心情低落、无愉快感、兴趣减退、悲观绝望，常伴随自我评价的降低，如出现无价值感和无助感、自责自罪，严重者会出现幻觉、疑病妄想等，症状晨重夜轻。

（二）思维迟缓

思维联想速度缓慢、反应迟钝，感觉大脑如同“生锈的机器”，表现为少言寡语、语速减慢、语调低沉，严重者会出现对答困难、无法交流的现象。

（三）意志活动减退

行为缓慢，生活被动、懒散、不想做事，不愿与人接触交流，常闭门独居、回避社交，严重者甚至会出现连吃饭、喝水等生理需要以及个人卫生都不顾的状态（蓬头垢面、不修边幅），还可能出现自杀的观念或行为。

（四）认知功能损害

对近期发生的事情记忆力下降、难以集中注意力、反应时间变长、警觉性增高、学习困难、眼手协调性及思维灵活性减退等。

（五）躯体症状

食欲减退、体重下降、便秘，身体部位疼痛、睡眠障碍等。主要表现为入睡困难、早醒、醒后无法再入睡。还有少数人会出现食欲增强、体重增加的现象。

① 虎啸，郝英莲．心态与健康［M］．北京：中国财富出版社，2015.

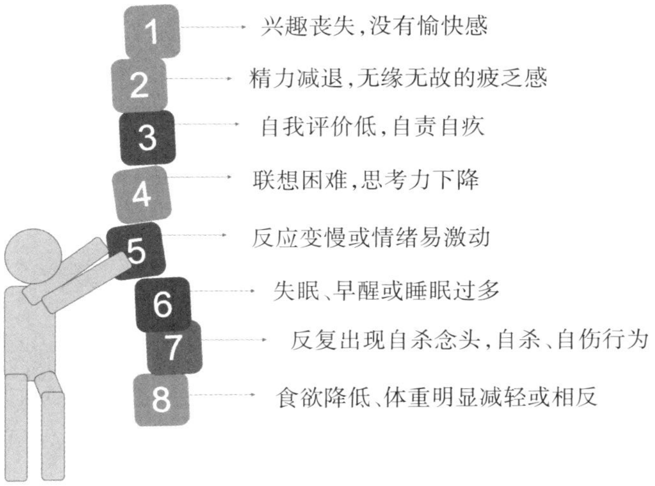

二、抑郁症与抑郁状态

人们平时常说的心情抑郁与真正意义上的抑郁症有着怎样的区别呢?

尽管抑郁情绪和抑郁症在严重程度上有所区别,但抑郁情绪如果得不到及时的疏导,很可能会演变为较为严重的抑郁症。

抑郁情绪	抑郁症
由伤害、挫折引发,是一种正常的情绪	是一种心理疾病,病因还在研究中
所有人都可能经历	有精神疾病家族史、遭受过虐待或忽视的人以及女性更易发
悲伤、消沉、痛苦、失望的情绪,一般不超过两周	除了持久(几周至数年)的情绪低落外,还会对任何事都无兴趣
专注于个人兴趣时,能暂时远离负性情绪	觉得任何事都没意思,即使面对以前的兴趣爱好
家人、朋友的关怀有帮助	身边人的劝解基本无效,需要专业的心理咨询师或心理医生给予帮助
偶有自杀的想法,但多不会尝试	反复出现自杀的念头,或有自杀、自伤行为

三、如何远离抑郁情绪

(一)坚持锻炼

很多抑郁症状有晨重夜轻的特点,而早晨是一天当中空气最清新的时候,在早晨锻炼身体、多呼吸新鲜的空气能够增加血氧含量、激活体内细胞,让身心得到放松,改善情绪状态。

(二)外出交际

离群索居、回避社交是抑郁症患者常见的表现,但这样的状态往往会加剧内心的沮丧、孤独感,造成恶性循环。只有鼓励甚至是强迫自己走出去,多与朋友见面、参加社会活动或出去旅游,自信心才会逐渐建立,才有助于心境的改变。

(三)观息法

呼吸过程伴随着生命的开始与结束,呼吸的品质代表着生命的品质,专注于"呼—吸"是提升身心协调性的有效方法,有助于消除内在思想的对抗,回归自我。医学上认为,呼吸、心跳、胃肠蠕动是受自主神经系统控制的,专注于呼吸过程的训练可以增强高级神经系统的功能。

处于抑郁情绪的人,可尝试于早晚练习观息法:选择一个舒适的姿势,轻轻闭上眼睛,将所有的注意力都集中在呼吸上,深深地吸气,然后慢慢地吐出,无论大脑中出现任何念头,都试着以不对抗、不纠缠的心态坦然接纳,可在每次20分钟的基础之上逐渐延长练习时间。

(四)森田疗法

"顺其自然,为所当为"是森田疗法的基本治疗原则,要求人们把烦恼等当作人的一种自然的感情来顺其自然地接受和接纳,而不是当作异物去加以排斥,否则很容易因"求不可得"而引发思想矛盾,进而导致内心世界的强烈冲突。如果能够顺其自然地接纳所有的症状、痛苦以及不安、烦恼等情绪,并将这些感受视作自身的一部分,尝试着带着症状去生活,反而更加有助于将自己从反复想要消除症状的泥潭中解放出来。

(五)整理感受

抑郁症患者的头脑中经常会萦绕着各种各样的想法,可以尝试将这些繁乱的情绪与感受整理在一个专门的笔记本上,无论这些想法有多么奇怪或不符合逻辑,都要完整地将其记录在笔记本上,同时,不要急于去分析它、认识它。可以在锻炼或者身心状态有所缓解之后,再去看这些想法,那时会有不一样的感受。

(六)拒绝对号入座

网络以及其他媒体中不乏抑郁症方面的信息,然而此类信息的准确性与科学性却有待考证。当怀疑自己可能出现了抑郁情绪之后，应该第一时间到专业的心理咨询机构或医院的心理科做进一步诊断及治疗。参照网络信息盲目对号入座不仅无益于症状的缓解、问题的解决，而且很可能会加重心理压力，造成不必要的困扰，适得其反。

（七）开卷有益

多阅读一些心理学、哲学方面的书籍，可以增加我们的智慧，让我们对自身、对生命有更深刻的认识，超越自身思想的局限，有助于心境的改善。

【心·灵万花筒】

测一测

抑郁自评量表[①](self-rating depression scale，SDS）由 Zung 编制于 1965 年，是心理咨询、抑郁症筛查及其严重程度评定和精神药理学研究的量表之一。

下列描述，请依据其与自身最近一周的情况的符合程度做出相应的选择。

序号	最近一周	没有或很少时间	少部分时间	相当多时间	绝大部分或全部时间
1	我觉得闷闷不乐，情绪低沉	1	2	3	4
2	我觉得一天中早晨最好	4	3	2	1
3	我一阵阵哭出来或觉得想哭	1	2	3	4
4	我晚上睡眠不好	1	2	3	4
5	我吃得跟平常一样多	4	3	2	1
6	我与异性接触时和以往一样感到愉快	4	3	2	1
7	我发觉我的体重在下降	1	2	3	4
8	我有便秘的苦恼	1	2	3	4
9	我心跳比平常快	1	2	3	4
10	我无缘无故地感到疲乏	1	2	3	4
11	我的头脑和平常一样清楚	4	3	2	1
12	我觉得经常做的事情并没有困难	4	3	2	1
13	我觉得不安而平静不下来	1	2	3	4

① 戴晓阳.常用心理评估量表手册[M].北京：人民军医出版社，2015.

续表

序号	最近一周	没有或很少时间	少部分时间	相当多时间	绝大部分或全部时间
14	我对未来抱有希望	4	3	2	1
15	我比平常容易生气激动	1	2	3	4
16	我觉得做出决定是容易的	4	3	2	1
17	我觉得自己是个有用的人，有人需要我	4	3	2	1
18	我的生活过得很有意思	4	3	2	1
19	我认为如果我死了，别人会生活得更好	1	2	3	4
20	平常感兴趣的事我仍然感兴趣	4	3	2	1

扫描二维码获取计分方式和分数解释。

第二节 你被强迫症"强迫"了吗

【案例启迪】

小文是班上最爱干净、整洁的男生。同寝室的同学总是乱放个人物品，用完的洗漱用品随意摆在洗漱台上，毛巾揉成团堆在桌子上，脏衣服搭在床头，这让小文感到很不舒服。他经常提醒室友收东西，有时候实在觉得没效果，他就自己动手帮室友整理物品，把洗漱用品按照种类和大小摆放得整整齐齐，毛巾洗干净挂在晾衣绳上。寝室因为有他在，总是干干净净、整整齐齐，这样整齐有序的状态也让小文觉得舒服多了。

一天睡前卧谈会，大家讨论起小文，在赞许的同时，有个室友开玩笑说：小文肯定是有强迫症。这句不经意的玩笑话让小文很"上心"，他觉得自己好像真的有点强迫症，于是便在网上搜集各种关于强迫症的信息，发现有一些真的和自己蛮相似的。这让他忍不住担心，害怕自己是不是真的患上了严重的心理疾病。

【指点迷津】

小文真有强迫症吗？如果是的话，强迫症似乎也没什么不好。因为“强迫症”者不仅自己干净整洁、追求完美，还为身边的人带来了清爽、舒适的环境。

【知识链接】

一、什么是强迫症

强迫症是以强迫观念和强迫动作为特征的神经症。患者有意识地自我强迫和反强迫之间的强烈冲突使其感到焦虑和痛苦。[①]强迫症患者经常会被一些毫无意义，甚至违背自己意愿的想法和行为冲动反复干扰，虽极力抵抗却无法控制，强烈的思想冲突会导致巨大的焦虑和痛苦。

二、强迫症的具体表现

强迫症患者能意识到强迫的意识和冲动源于自我，而非外界压力，明知反复出现的想法和反复做出的行为没有必要，但仍无法控制，一旦试图中止这些想法和行为就会引发强烈的紧张、焦虑和不安。

（一）强迫思维

大脑里反复出现一些想法，如怀疑、回忆、穷思竭虑等。

（二）强迫行为

反复做一些没有必要的行为，如反复检查、反复洗手、反复计数以及仪式性动作等。

（三）情绪焦虑

强迫症患者往往会在强迫与反强迫的纠结中体验到强烈的焦虑感。

三、强迫症的成因

强迫症的成因目前尚不明确，但研究表明，家庭教育方式、个性特点、环境因素等与强迫症状的出现密切相关。

---

① 心理学名词审定委员会. 心理学[M]. 第2版. 北京：科学出版社，2018.

(一)家庭教育方式

权威式的家庭教育方式中,父母或其中一方对子女过度的批判、教育、控制甚至是打骂与强迫症状的出现密切相关。

(二)个性特点

很多强迫症患者都具有相似的个性特点,如拘谨、犹豫、过分注重细节、好思索、追求完美、刻板、缺乏灵活性等。

(三)环境因素

学习、工作、生活环境的改变,意外、挫折、亲人离世等压力性事件所带来的思想紧张、焦虑不安等均是导致强迫症的可能原因。

也有理论认为,导致强迫症的根本原因在于内心缺乏安全感,强迫症患者需要通过不断重复强迫观念及行为来满足内心的控制欲,以获得安全感。强制中止这些想法和行为会引发失控感以及强烈的紧张和焦虑。

四、强迫症与强迫倾向

生活中很多人都有强迫倾向,具体表现为:

(1)睡觉前一定要将脱下来的衣物折好放整齐;

(2)在电脑上删除文件过后,会第一时间清空回收站;

(3)电脑桌面图标会按照一定的顺序整齐排列;

(4)出门之前会反复确认手机、钱包和钥匙等是否带齐;

(5)吃彩虹糖,两次一定要吃不同颜色的;

(6)书架上的书籍一定要按照从高到低依次排列;

(7)房间要整理得干净整洁才能安心去做其他事情;

(8)不断清除手机后台运行的程序;

(9)发现玻璃上有污渍或者黑板不干净,忍不住去擦干净等。

强迫倾向与强迫症相比,程度较轻,并不妨碍日常生活、学习、工作,而且往往并非坏事,很多时候还会对生活大有裨益,如让我们做事更加有条理、生活环境更整洁等,而且具有强迫倾向的人一般都有较强的责任感、做事认真细致,因此应客观理性看待。

但如果强迫症状非常明显,伴随明显的焦虑与纠结感,影响正常生活,则应高度重视,及时到医院心理科接受专业治疗。

五、如何缓解强迫症状

(一)控制法

1. 自我观察记录

自行制作一个表格，标记出自己有哪些方面的强迫症状，并记录每天每种强迫症状重复的次数，坚持一周。给自己设定目标，努力逐渐减少强迫症状出现的次数。如每周比上一周减少一到两次等，依个人能力灵活设定，可将每次的目标细化，切忌操之过急。

2. 体验掌控感

设定一个闹钟，让它每隔一段时间响一次，当闹钟响起时，对着闹钟大声喊“停”。重复多次后，逐渐降低喊停的声音，逐渐由大声过渡到正常声音、微弱声音，直至仅在内心说“停”，通过这样的方式体验控制感，进而将这种控制感应用到对强迫症状的控制上。

(二)接受法

通过调整认知的方式来降低紧张、焦虑感。如“好像有东西忘了带，那就不带好了”“房间没有整理干净，这也不会对正常生活造成实质影响吧”，试着让自己认识到事情如果没有按照预期计划进行，结果可能没有想象的那样糟糕，何不顺其自然、坦然接受？！这样的认知方式，有助于降低精神压力，缓解强迫症状。

【心·灵万花筒】

1. 挑战你的强迫症状

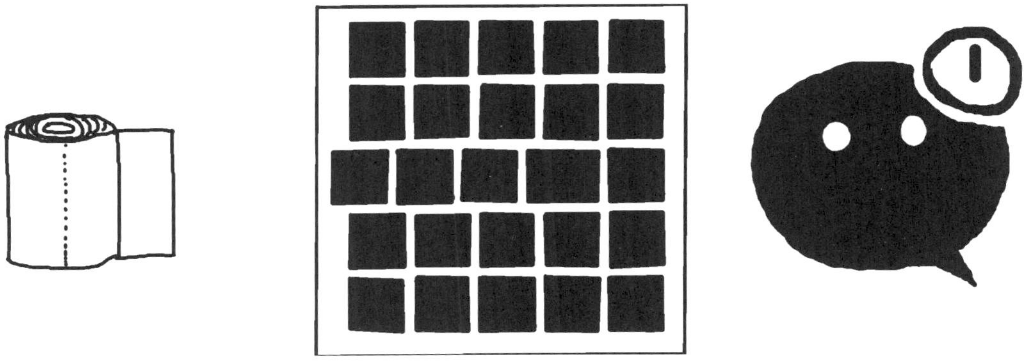

在日常生活场景中遇到这些情况，你的感受是什么？

2. 你有强迫症吗？[①]

(1)我经常反复洗手而且洗手的时间很长，超过正常所需。

(2)我有时不得不毫无理由地重复相同的内容、句子或数字好几次。

(3)我觉得自己穿衣、脱衣、清洗、走路时要遵循特殊的顺序。

(4)我常常没有必要地检查门窗、开关、煤气、钱物、文件等。

(5)我不得不反复好多次做某些事情直到我认为自己已经做好为止。

(6)我对自己做的大多数事情都产生怀疑。

(7)一些不愉快的想法常违背我的意愿进入我的大脑，常使我不能摆脱。

(8)我常常设想自己粗心大意或是有细小的差错时会引起灾难性的后果。

(9)我时常无原因地担心自己患了某种疾病。

(10)我经常无原因地计数。

(11)在某些场合，我很害怕失去控制而做出尴尬的事。

(12)我经常迟到，因为我没有必要地花费很多时间重复做某些事情。

(13)当我看到刀、匕首和其他尖锐的物品时，我会感到心烦意乱。

(14)我为要完全记住一些不重要的事情而困扰。

(15)有时我有毫无原因地想要破坏某些物品的念头，或伤害他人的冲动。

(16)在某些场合，即使当时我生病了，我也想暴食一顿。

(17)当我听到自杀、犯罪或生病时，我会心烦意乱很长时间，很难不去想它。

说明：当上面一条或一条以上的症状持续存在，并且影响您的正常生活时，建议您找心理咨询师咨询或专科医生进一步咨询。

① 吕信恩.大学生心理咨询手记[M].杭州：浙江工商大学出版社，2016.

第三节　助人自助

【案例启迪】

小婷是一个非常独立、优秀的女生，但她却没有什么朋友，周围的同学都觉得她很完美，莫名之中有一种距离感。从小到大，父母便教育她：自己能搞定的事情，千万不要去麻烦别人。高中毕业后，她离开父母，独自来到一个新的城市生活。一天，她准备去市图书馆借书，按照网络上查询到的路线找了整整两个小时，仍没有找到图书馆。无奈之下，她询问路边正在散步的老人，老人笑着说：“小姑娘，你现在就站在图书馆背后呀！”

【指点迷津】

生活中你有没有遇到过案例中的情况：有时候，我们花费大量的时间独自去做一件事情，却不太愿意适时地寻求他人的帮助。其实，偶尔求助他人能够帮我们节省很多时间，提升解决问题的效率，还能够在无形之中拉近与他人的距离，提升人际关系的质量。

【知识链接】

人具有社会性，每个人都需要他人的帮助，同时也会面临为他人提供帮助的情况，人与人之间通过相互帮助来建立心理上的联结。但生活中，我们也会遇到什么事都自己扛，几乎从不向他人寻求帮助的“强人”；当然，也会遇到非常真诚、热心地想要去帮助他人，但效果却不佳的情况。如何学会寻求帮助，如何更好地去帮助他人，都值得我们用心思考。

一、社会支持系统

社会支持系统是个体通过与他人之间的互动建立起来的一种关系网络，在这一网络中，个体能体验到归属、理解、尊重与价值感。这一网络能有效缓解心理压力，提升个体对环境的适应能力以及对变化的应对能力。

心理学研究表明，社会支持系统能够有效地帮助个体走出心理困境，尤其是当一个人经受了重大负性事件的打击之后，良好的社会支持系统能够为其提供强大的心理支撑，通过与系统内他人沟通、交流、建立联结，能尽快走出困境。

社会支持系统包括三个维度，分别是主观支持、客观支持以及对支持的利用度。

主观支持指对个体内在情感需要的支持与满足，是对个体主观感受的干预。

客观支持指对个体物质上、生理上需求的满足，包括财力帮助、物力支持等。

对支持的利用度指个体在危机事件中是否能够很好地利用社会支持系统并感到满意。

二、"怕麻烦别人"背后的秘密

生活中经常听到类似的话：我最不喜欢求人了，但凡我自己能搞定的事情，哪怕困难一点、花费的时间长一点，我也不会去麻烦别人。

在独立、坚强的"面具"之下，往往潜藏着一些心理层面的原因。

（一）自卑心理

部分低自我评价的人很少寻求他人的帮助，源于其害怕说出自己的请求之后会遭到拒绝，或收到他人对自己负性的评价。

（二）完美主义

部分性格要强的人存在完美主义情节，生活、工作、学习中需要时时处处都体验到心理上的掌控感。如果要借助他人的力量来达成自己的目标，则从某种程度上降低了心理上的掌控感。所以，遇到问题，他们宁肯自己死扛到底也不愿向他人寻求帮助。

三、关于求助

(一)接受帮助是一种美德

每个人都不是一座孤岛,学会坦然接受他人的帮助也是一种智慧,而且这往往是人际关系建立的开始。

有一个著名相声演员在上台表演前,一名工作人员提醒他鞋带松了。他对工作人员说了一声非常感谢,便弯下腰认真地将鞋带系好了。后来,他再上台的时候,再次把鞋带松开了。有人问他为什么,他说:"我的这次表演本来是要把鞋带松开的,但是那位工作人员的好意我不能忽略,接受他人善意的帮助是对他人最好的尊重。"

(二)求助不代表无能、不成熟

学会求助是彼此学习与成长的重要方式,通过求助,我们能够取长补短,通过借助他人的优势更高效地完成任务。遇到难题,不一味独自钻牛角尖,而是能够适时地求助,这恰恰是心理成熟的表现。

四、关于助人

(一)学会倾听

倾听是一项重要的沟通技巧,有效地倾听有时比表达更能发挥助人效果。如何倾听才能达到理想的效果呢?

(1)保持适度的目光接触;

(2)身体稍微前倾;

(3)听比说更重要;

(4)不急于做出评价;

(5)适时地总结与反馈。

(二)同理心

同理心指设身处地地站在对方的角度和立场上,理解对方的感受,并将自己体会到的感受传达给对方,以与对方形成心理联结。

同理心不同于同情心。例如,一个孤独的人走在雨中,黯然神伤,同理心与同情心的应对方式分别如下:

同情心:这把伞给你吧!为什么要淋雨呢?这样会感冒的。

同理心：你现在的心情肯定很难过吧，虽然不知道该如何帮你，但我愿意陪你一会儿。

同情心与同理心从字面上看仅一字之差，但两者之间却有着本质的区别。表达同情心的同时，在无形之中降低了对方的心理位置，不利于心理联结的形成，对方会感到自尊受挫；而表达同理心，能让对方感受到被理解与被尊重，双方的心理位置是平等的，更利于心理联结的建立。

（三）助人自助

有效地助人并非越俎代庖、一切包办，而是通过帮助让受助者认识到自身的问题，进而学会自我成长，正所谓“授人以鱼不如授人以渔”。

莉莉向好朋友李芳诉说自己与周婷闹矛盾，心情很差，李芳劝解了一番，并担任起“和事佬”，单独约周婷聊天，化解了两人之间的矛盾。

那么李芳的做法如何呢？

A. 正确的，她很有责任感。

B. 错误的，这问题是不能替代的。

C. 不论对错，只要结果是好的就好。

对于李芳的做法，大家可能各有不同意见。但仔细分析会发现，虽然李芳出于好意顺利帮助莉莉化解了与周婷之间的矛盾，但在这件事情中，莉莉才是当事人，她在这次事件的处理过程当中，并没有做出主动的尝试，尽管结果是好的，但她却没能收获人际交往技能的提升以及心理上的成长。所以，理想的助人方式是引导对方认识到问题所在，并鼓励其主动地尝试改变。

【心灵万花筒】

读一读

如何提升同理心水平

（1）尝试着去重视他人的情感、愿望及欲求。

（2）学会耐心听完他人的意见，即使你不赞同。

（3）在路上、餐厅、公共汽车上等场所，细心去观察他人的表情、动作，尝试着去推测其心理状态。

（4）不要仅凭外表去认识一个人，多交谈、沟通，再做判断。

（5）看电视、电影时关掉声音，注意剧中人物的情绪及口形，想象他们在说些什么。

(6)与别人讨论事情时,遇到对方意见与自己的完全不同时,要仔细分析其中原因。

(7)弄清楚为什么自己在某些状况下会出现相似的反应,试着去分析自己行为背后的原因,这也有助于理解他人。

(8)如果你讨厌一个人,试着找出充分合理的理由。

(9)判断一个人,多收集他的个人资料。明白他为人处事的道理,就能做出正确的判断。

(10)所有人都会受心情影响,都有情绪失控的时候,尽量不受情绪干扰地去判断一个人。

第三章

遇见最美的自己
——自我探索

【写在前面】

每个人都有人生目标，或努力学习文化知识，或刻苦钻研专业技能等。进入职业学校后，许多同学发现学习书本知识已经不是唯一的目标了，他们在面对未来的生活时，不禁发现他们对自己知之甚少，不知道自己是一个什么样的人，不知道自己的优点或缺点，对于要重新设定自己的人生目标显得更加无所适从。

这个世上最难做到的事情，莫过于真正了解和认识自己。大多数人都经历过一段迷茫、彷徨的日子，中职阶段正是自我改变、自我整合的阶段，是勇敢地自我探索、自我提升，然后突破迷茫、认识自我，最终找到人生意义，还是得过且过、逃避现实，最终迷失自我、停滞不前？何去何从，主动权掌握在自己手里。

第一节　自知之明——我是怎样的自己

【案例启迪】

山上的寺院里有一头驴，每天都在磨坊里辛苦拉磨，天长日久，驴渐渐厌倦了这种平淡的生活。它每天都在寻思，要是能出去见见外面的世界，不用拉磨，那该有多好啊！

不久，机会终于来了，有个僧人带着驴下山去驮东西，它兴奋不已。来到山下，僧人把东西放在驴背上，然后返回寺院。没想到，路上行人看到驴时，都虔诚地跪在两旁，对它顶礼膜拜。一开始，驴大惑不解，不知道人们为何要对自己叩头跪拜，慌忙躲闪。可一路上都是如此，驴不禁飘飘然起来，原来人们如此崇拜我。当它再看见有人路过时，就会趾高气扬地停在马路中间，心安理得地接受人们的跪拜。回到寺院里，驴认为自己身份高贵，死活也不肯拉磨了。僧人无奈，只好放它下山。

驴刚下山，就远远看见一伙人敲锣打鼓迎面而来，心想，一定是人们前来欢迎我，于是大摇大摆地站在马路中间。那是一队迎亲的队伍，却被一头驴拦住了去路，人们愤怒不已，棍棒交加……驴仓皇逃回到寺里，已经奄奄一息，临死前，它愤愤地告诉僧人：“原来人心险恶啊，第一次下山时，人们对我顶礼膜拜，可是今天他们竟对我狠下毒手。”僧人叹息一声：“果真是一头蠢驴！那天，人们跪拜的，是你背上驮的佛像啊”。①

【指点迷津】

法国思想家蒙田说过，世界上最重要的事情就是认识自己。中国著名教育家叶圣陶也说过，天下最可怜的事，莫过于不认识自己。我们每天都会照镜子，但是在照镜子的时候，有问过自己一句话：“你认识自己吗？”

【知识链接】

一、什么是自我意识

（一）自我意识

自我意识是什么？它来自哪里？

自我意识又称自我概念，指自己对自身存在的觉察。心理学家罗杰斯认为，对于一个人的个性与行为具有重要意义的是自我意识，而不是真实的自我。正所谓，你是谁并不重要，重要的是你认为你是谁。

自我意识不是凭空而来，是一个人在社会化过程中逐步形成和发展起来的。人的自我意识首先来自他人的评价，然后逐渐由他人的评价转化为自我评价，其次通过与周围人的交往互动，自我评价经由自

① 周海燕. 内在的力量[M]. 北京：中国商业出版社，2012.

我体验逐步得到修正，形成完整的、多层次的自我意识。

自我意识可分为三个方面：生理自我、社会自我和心理自我。

生理自我，也称物质自我，是个体对自己躯体、性别、形体、容貌、年龄、健康状况等生理特质的意识。例如：我是一个微胖的男孩。

社会自我，是指对自己与周围他人关系的认识和评价。具体而言，是指对自己与周围人的关系、自己在集体中的位置和作用等的认识、评价和体验。例如：我是爸爸妈妈的乖女儿，我是个中职学生，我是个社团干事。

心理自我，是指对自己内在的思想、价值观和道德观方面的认识和评价，对自己的感知、情绪、兴趣、爱好、能力、性格、气质等的认识和体验。例如：我是一个内向的人，我很善良，我是一个很容易紧张的人。

（二）自我意识的作用

自我意识具有意识性、社会性、能动性、同一性等特点，对个性的形成、发展起着调节、监督的作用。

自我意识在个体发展中有十分重要的作用。

自我意识是人的自觉性、自控力的前提，对自我教育有推动作用。人只有意识到自己是谁，应该做什么的时候，才会自觉自律地去行动。一个人意识到自己的长处和不足，就有助于自己发扬优点，克服缺点，取得自我教育的积极效果。自我意识是改造自身主观因素的途径，它使人能不断地自我监督、自我修养、自我完善。可见，自我意识影响着人的道德判断和个性的形成，尤其对个性倾向性的形成更为重要。此外，自我意识是一个人认识外界客观事物的前提。一个人如果不能客观认识自己，那么他很难客观认识他人及外界事物。

（三）常见的自我意识冲突

1. 理想自我与现实自我的冲突

理想自我是个体对理想中的自我的认识，是个体想达到的目标；现实自我是个体对现实中的自我的认识，是从自己的角度出发比较客观的自我认识。例如：“我很想成功，可是我发现自己平时做事情都没有毅力”“有的学生有目标，却因为不会做规划，目标落空”。可以通过目标管理搞清楚自身真正的渴望，然后通过时间管理来实现理想自我。

2. 自尊与自卑的冲突

自尊源于价值感和归属感，即认为自己能胜任和相信自己、无条件地悦纳自己。前者源自持之以恒的努力，后者源自父母的教养方式，但自尊是后天可以修补和调整的，例如通过认识自我和悦纳自我的训练可以增进自信和自爱，进而达成恰如其分的自尊水平。

有些人有时候觉得自己天下无敌，但遇到困难挫折，就会把自己贬低到尘埃里，无法拥有稳定的自尊。还有些人对失败和批评特别敏感，被人说到痛处会受到严重的打击，对自身拥有的能力和幸福总是不确信。

二、认识和探索自我

（一）分区法

心理学家鲁夫特与英格汉（Joseph Luft & Harry Ingham）提出了“周哈里窗模式”，将一个人的内心区分为开放我、盲目我、隐藏我、未知我四部分。

	自己知道	自己不知道
他人知道	开放我	盲目我
他人不知道	隐藏我	未知我

开放我是自我的开放区，这部分是别人和自己都知道的部分，如性别、外貌、身高、婚姻状况、职业、工作与生活所在地、能力、兴趣爱好、特长、成就等，属于公开活动领域。开放我是自我最基本的信息，也是了解自我、评价自我的基本依据。一般认为，当一个人的“开放区”扩大了，他的自尊就会增强。

盲目我属于个体自我认识的盲点。这是自己不知道而别人却知道的部分，如一个人无意识的动作、表情、语言等，自己觉察不到，但别人却能觉察到。将“盲点”转化为“开放区”需要学会聆听，主动请周围人提出对自己的意见，并对他们表示感谢。无论他们提出批评还是赞扬，都试着与自己对自己的评价进行对比，并与自己的行为相印证，以进行客观的自我评价。

隐藏我是自我的隐藏区，属于逃避或隐藏领域。这与自己不知道而别人知道的盲目我正好相反。隐藏我就是把隐私、个人秘密留在心底，不愿意或不能让别人知晓。几乎每个人都有隐藏我，大家也认为这个部分是不能公之于世，不能让别人知道的。

未知我也称潜在我，属于未知区。这是自己和别人都不知道的部分，有待挖掘的未知我，通常是指一些潜在能力或特性。加强对未知我的探索和开发，才能更全面而深入地了解自我，进而不断发展自我，最终超越自我。将“未知区”转化为“开放区”，可通过鼓励自己进入陌生的环境，或尝试新的挑战来实现。

（二）自我反思法

自我反思是指个体从自身行为或行为结果出发进行思考，思考自己的信念、思想、动机、态度以及行为等是否合理，以期改变思想和行为使得自身言行举止更加合理的心理活动。反省是人生中最有用的一种自我观察、自我认识的方法。

反省可从以下四个方面进行：一是反省自己的做事方法；二是反省自己的人际关系；三是反省自己的错误；四是反省自己的生命进程。但凡成功人士都有自我反省的习惯，因为反省能够让人在忙碌的生活中避免自我迷失。每天坚持反省能够修正为人处事的方法，更加明确前进的方向。古贤圣人中有很多提倡自我反省的例子，荀子《劝学》中“君子博学而日参省乎己，则知明而行无过矣”说的就是这个道理。我们既要用反思来警醒自己，更要把反思当成每日必做的功课。

【心灵万花筒】

1. 我是谁

请在下方写下十句话（可多写），每句话都要以“我是”两个字开头，后边补充一些能够反映个人特点的内容。

（1）我是________________

（2）我是________________

（3）我是________________

（4）我是________________

（5）我是________________

（6）我是________________

(7)我是____

(8)我是____

(9)我是____

(10)我是____

……

2. 五指山

(1)准备好一张白纸、一支笔。

(2)与同桌两人为一个小组,将右手伸展开覆盖在白纸上,相互帮助,在纸上画下对方右手的轮廓。

(3)认真思考并在相应位置上写下如下内容:

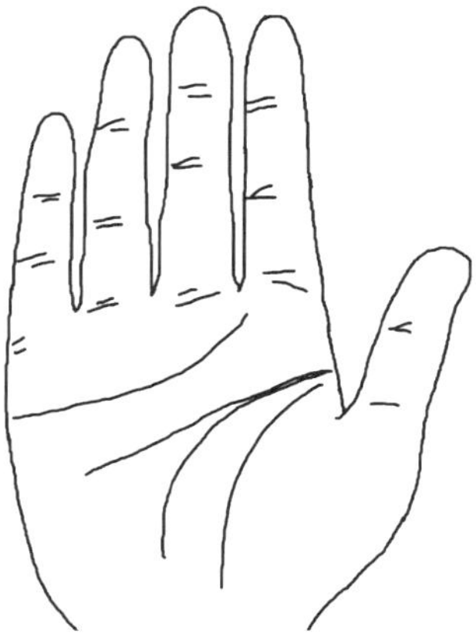

①在大拇指上写下自己的三个优点;

②在食指上写下自己的三个缺点;

③在中指上写下自己最在乎的人或者事情;

④在无名指上写下对自己影响最深远的人或者事情;

⑤在小指上写下自己可能会影响到的人的名字。

(4)观察与反思:

①为什么每个人的掌印都不同?

②我们的手掌印中有着怎样独特的故事?

③这个小游戏带给我哪些启发与思考呢?

第二节 人无完人——我是最好的自己

【案例启迪】

1934年,索菲亚·罗兰(Sophia Loren)出生于意大利的一个穷苦人家。这位曾经荣获“奥斯卡金像奖最佳女主角”奖的伟大女性,在1999年时被评选为“千禧美人”。索菲亚·罗兰是一位受全世界影迷喜爱的女影星,她主演的电影《两妇人》《卡桑德拉大桥》吸引了大量的中国观众,可是,她在16岁第一次拍电影时,却遇到阻碍。

她在第一次试镜头的时候,所有的摄影师都说她够不上美人的标准,都抱怨她的鼻子和臀部。没办法,导演卡洛只好把她叫到办公室,建议她把臀部减去一点儿,把鼻子缩短一点儿。一般情况下，演员都对导演言听计从。可是，索菲亚·罗兰却没有听导演的，她对自己有信心，认为这就是她自己的特色。在试了三四次镜头后，卡洛导演以试探性的口气说："我刚才同摄影师开了个会，他们说的结果全一样，都是关于你的鼻子的，还有建议你把臀部削减一些，如果你要在电影界做出一番事业，你也许该考虑尝试一些改变。"索菲亚·罗兰对卡洛说："我的脸确实与众不同，但我为什么要长得跟别人一样呢？我要保持我的本色，我什么也不愿意改变。至于我的臀部，无可否认，我的臀部确实有点过于发达，但那也是我的一部分，那是我的特色，我愿意保持我的本来面目。"

她的一番话成功说服了大导演卡洛，电影不但拍成了，而且索菲亚·罗兰还一票走红。此后，她多次斩获各类大奖，逐步走上了成功之路。①

【指点迷津】

为什么我要和别人一样呢？

的确，在这个世界上我们找不到一个能在各方面都与我们完全相同的人，就如同在这个世界上我们找不到两片完全相同的树叶一样。每一个人都是一个独一无二的我，独一无二的存在是一种美，无论是女性还是男性，所以，人都有各自的价值，我们每个人都应该庆幸自己的独一无二。

【知识链接】

一、悦纳自我

悦纳自我指的是个体能够完整、正确地评价自己，并且接受自己的一切，并以此为基础使得自我有更加良好的成长和发展。悦纳自我不仅仅要求个体接纳自己人格中的长处或者优点，更加需要个体接受自己的不足或者缺点。明白自己的缺点以后，去努力地改变自己、完善自己，而不是妄自菲薄，失去信心。当我们真正这样去做了过后，我们就能够实现悦纳自我。

悦纳自我一般包含以下三方面的内容。

第一，接纳自身所有的一切，无论优点还是缺点，无论长处还是不足。

第二，接纳自身的程度不因自身对错而发生任何改变。

第三，肯定自身的价值，有较强的愉悦感和成就感。

---

① 周海燕. 内在的力量[M]. 北京：中国商业出版社，2012.

二、悦纳自我的作用

自我悦纳是心理健康的一种表现。当一个人愉悦地接受了自己的一切时，其心胸会愈发舒展，视野会愈发开阔，与此同时，对他人的接纳程度也会有很大的提升。

善于自我悦纳可以有效缓解自身在成长与发展过程中遇到的矛盾和冲突，使得个体可以健康成长。一个善于悦纳自己的人，并不代表他拥有完美的一切，而是说他在认识到自身优点的同时，也能够完整地接受自己的每一个缺点，坦然承认自身的不足之处。

三、如何自我悦纳

（一）正视自身的缺点与不足

人无完人，每个人都有缺点和不足，否认或是逃避往往无法带来积极的效果，反而会加剧心理上的负担。然而，如果能够直面自身的缺陷与不足，在心理上承认其存在的合理性，进而通过一定的方式加以改善与弥补，则更可能带来积极的结果，同时也能使自己获得成长。另外，对于一些无法改变的缺陷和不足，如身体方面的缺陷，则需要积极调整认知坦然接纳。

（二）善于总结优势与长处

试着去总结自己的优点和长处，并保持和发扬这些优点和长处。我们每个人身上除了缺点以外，还会有很多优点，要善于用自我探索的方式去发现自己的优点，不断总结自己的优点是如何建立的，把自己的优点和长处保持并发扬下去。以此循环，优点就会越来越多，人也会越来越自信，身心也会越来越愉悦。

（三）享受成功的喜悦

每一次或大或小的成功，都是一个人提升自信、促进自我悦纳的契机。在每一次成功做好某件事或达到预定目标之后，学会用心去感受收获的喜悦，并将这种喜悦之情与家人、朋友进行分享。养成坚持记录、反思的好习惯，可于每天睡前，在笔记本上简单记下这一天之内自己做得比较顺利、成功的事情，总结经验，然后带着对自己的欣赏与满意之情入睡。

【心灵万花筒】

试一试

与好朋友一起，共同完成下面这个简单的小游戏。

（1）面向同桌，大声说出如下这段话：

"我是×××；

虽然我×××（自己身上的缺点与不足）；

但我依然爱自己。"

（2）朋友给予回应：

"你是×××；

虽然你×××（之前提及的缺点与不足）；

但我依然愿意做你的好朋友。"

（3）说完之后，认真体会并分享内心的感受。

第三节　凤凰涅槃——成为最优秀的自己

【案例启迪】

谢尔盖·布勃卡是举世闻名的奥运会撑竿跳冠军，享有"空中飞人"的美誉。曾35次刷新撑竿跳室内、室外世界纪录，并且他所保持的两项世界纪录，迄今为止，无人能够打破。

在他接受由总统亲自授予的国家勋章后，记者们纷纷向他提问：“你成功的秘诀是什么？”布勃卡微笑着回答：“很简单，就是在每一次起跳前，我都会将自己的心‘摔’过去。”

作为一名撑竿跳选手，他也苦恼、沮丧过。在一次比赛中，他对教练说：“我实在是跳不过去！”教练平静地问道：“你心里是怎么想的？”布勃卡如实回答：“我只要一踏上起跳线，看清那根高悬的标杆时，心里就害怕。”突然，教练一声断喝：“布勃卡！你现在要做的就是闭上眼睛，先把自己的心从标杆上‘摔’过去！”教练的厉声训斥，让布勃卡如梦初醒。他遵从教练的吩咐，重新撑杆又跳了一次。这一次，果然顺利地跃身而过。于是，一项世界纪录又被刷新了，他再一次超越了自我。教练欣慰地笑了，语重心长地对布勃卡说：“记住吧，先将你的心从杆上‘摔’过去，你的身体就一定会跟着一跃而过。”①

【指点迷津】

人要有目标，才能有所成就。谢尔盖·布勃卡每一次都在朝着他自己的目标发起冲击，即便是跌倒，即便是一次又一次的失败，虽然他也会气馁，但是每一次短暂的气馁过后，都会重新振作起来，再一次向更高的目标发起冲击，最终成就了他伟大的一生。

因此，设立适当的目标，鼓励自己完成从未完成过的任务，去做自己从来没做过的事情，是我们成长和发展必不可少的部分。

【知识链接】

一、自我超越

自我超越是指突破本身能力极限的自我实现。如果一个人渴望获得成功，那就不能够仅仅满足于现状，即使现状比起大多数人都要优越。心中一定要有一个远远高于现状的远大理想，而为了实现这个理想，就会产生一种促使自己不断成长、不断学习和不停进取的动力，能做到这样的人就是能够自我超越的人。

① 罗斯德.不抱怨的人生[M].北京：中国致公出版社，2009.

二、自我超越的作用

我们把想自我超越所产生的远大理想称之为愿景。这种促使自己不断成长、不断学习和不停进取的动力称之为创造性张力。自我超越是一种建立愿景和实现愿景的过程，一种学习、创造和不断成长的循环过程，一种终身的修炼。如果每个人都以学习为起点，不断产生和延续创造性张力，不断学习和成长、超越自我，这样建立起来的习惯就有了精神基础。一般情况下，具有超越自我能力的人，其愿景不会仅仅是一个美好的梦想，而是一种召唤，一种驱使其向前的动力。

三、如何超越自我①

（一）个人愿景的建立与实现

超越自我的第一步是建立个人愿景，这是超越自我的前提条件。愿景建立与“一个人为什么活着”这个最高层次的目标有关，也可称之为上层目标。它涉及每个单独个体的基本人生信念，以及个体对生命存在价值的认识，因此它带有很强的人生哲学性质，比较抽象。相对来说，愿景则是一个特定的结果，一种对未来的期望或想象，比较具体。譬如，美国宇航局的上层目标是“提升人类探究宇宙的能力”，其曾经的愿景则是“20世纪60年代结束以前把人送上月球”。上层目标和愿景并非包含与被包含的关系，而是一种相辅相成的关系。上层目标若有了愿景，就能够一步步地实现，也更加容易衡量、描绘和沟通；愿景如果有了上层目标的支撑，就更加具有意义和方向感，更利于个体坚持下去，进而不断成长，不断攀登。要建立个人的愿景，我们还要搞明白一个问题：到底什么对我们最重要？搞明白这个问题是为了分清手段与结果之间的内在联系和愿景与摆脱目前困境的区别与关系。

超越自我的第二步是实现愿景。那么如何去实现愿景呢？首先，我们要明白愿景和现实之间一般来说是有很大差距的，这种差距我们可以把它看成一种力量，将人拉向愿景的力量，这也就是前面说的创造性张力。但这种差距也有一定的可能会产生反作用力，这种反作用力我们把它称为情绪张力，它一般是指在我们感到现实与愿景有差距时，为了急于摆脱这种对现实的不满，或者急于实现愿景而产生的焦虑、惰性、畏惧或是对自己能力产生怀疑等。这种不好的情绪张力又将人从愿景中强行拉回到现实，使个人所

① （美）彼得·圣吉.第五项修炼——学习型组织的艺术与实务[M].郭进隆，译.上海：上海三联书店，1994.

建立的愿景受到侵蚀。所以，如何正确且有效地保持创造性张力就成为成功实现自我超越的关键。而正确且有效地保持创造性张力的关键点又在于忠于真相，即应正视现状和失败，把现状和失败看成自己的朋友而不是敌人，然后以乐观和积极向上的心态去面对生活现状和失败。忠于真相和忠于自己的愿景一样，是支持自我超越的两大支柱。两者对于保持创造性张力都是极为重要的。

(二)改善心智模式

心智模式存在于个体内心当中，它影响着个体如何看待世界，以及如何采取行动的许多假设、成见和印象。它可以是一种简单的概括性的看法，比如人是不可信的，也可以是一种复杂的理论，如有关人与人之间相互关系和影响的假设。

心智模式的存在都是根深蒂固的，是隐藏在大海里的礁石，不易发现，更加不易改变。它决定了个体的认知与行为，影响着人们对所发生的事或者整个社会的看法，以及个体对这些看法所采取的行动。不同的个体，对同一个事件和问题，都有着不同的看法，因为其心智模式不同，比如一千个人眼中就有一千个哈姆雷特。同一个个体，对同一个事件和问题，在不同时期，也有可能会产生不同的看法，因为个体的心智模式可以发生改变。如我国古代寓言“失斧疑邻”就是最好的例子。个体的心智模式通常都是不正确，或者在目前看来是正确，但是随着个体的不断成长和发展，将来的某一天有可能就不再正确。即使是一个已经很成功、很伟大的人，心智模式也都有着一定程度的缺陷。所以，个体必须不停去改变和完善自己的心智模式。

【心·灵万花筒】

读一读

尼克·胡哲的故事

尼克·胡哲(Nick Vujicic)，出生于澳大利亚墨尔本，出生时他便没有四肢，在身体左侧有一个只有两个脚趾的小脚。由于特殊的样貌，从小到大，他饱受周围人的嘲笑和讥讽。10岁的时候，他尝试过自杀但没能成功。但父母从未放弃过对他的教育和积极引导。

尽管肢体缺陷给他的生活带来了各种不便，但在父母的积极影响下，他养成了积极乐观的心态，他有一句名言：没手，没脚，没烦恼！他能够用唯一的小脚写字，会游泳、踢球，个性幽默、风趣，肢体残疾并未阻碍他的发展，反而成为他成长和追求人生发展的契机。

他曾尝试推销自己的演讲，被拒绝52次之后，终于获得了一次五分钟的机会，由此，开启了他的演讲生涯。他用诙谐、幽默的语言进行自我调侃，将自己的故事讲给世界各地处于人生低谷的人，鼓励他们去发现生活积极的一面，鼓励他们勇于超越限制，追求人生价值的实现。

第四章

心若安好　便是晴天

——情绪调节

【写在前面】

一个人情绪好时，山含情，水含笑；

一个人情绪不好时，感时花溅泪，恨别鸟惊心；

情绪和情感是生活的调味剂，为我们的人生增添了缤纷的色彩；

我们任何人每时每刻都离不开情绪和情感……

第一节　情绪万花筒

【案例启迪】

小灏是某中职学校一年级的学生，他性格活泼、外向，但奇怪的是周围的同学都不愿与他亲近。入校后，军训过程中，他和同学起了几次冲突，每次都是因为一两句玩笑话。在大家的印象当中，小灏可以开其他同学的玩笑，但自己被开玩笑时却会非常气愤，甚至对同学动手。由于这一原因，大家都不愿意和他交往。为此，小灏也觉得有点苦恼。他和班主任反映，自己也不想这样，但每次遇到别人开玩笑的情况，他都好像控制不住自己的情绪，总忍不住通过语言或者行为来进行还击，每次这样做了以后，又觉得自己的举动太过头了，但碍于面子，又不想放下自尊心去向对方道歉。

【指点迷津】

青春期的少年情感丰富，情绪起伏波动大、稳定性差，易冲动。不良的情绪状态不仅会对自身的心理健康造成消极影响，更会给生活、学习和人际关系带来很多障碍。能够正确认识情绪、合理调控情绪，对于每个人来说都至关重要。

一、什么是情绪

情绪是指人对客观事物的态度以及与其相应的行为反应。情绪由主观体验、外部表现和心理唤醒三种成分构成。

（一）主观体验

主观体验是个体对不同情绪状态的自我感受。当某个人处于某种情绪状态时，他所体验到的情绪内容、性质、强度等都是主观的，而不是客观的。只有当事人才能真切地体验到不同情境引起的不同情绪，局外人虽然能够从当事人的反应（如表情、姿态、行为等）上察言观色，细心揣摩出其情绪状态，却不能直接通过具体刺激来推测其情绪。

（二）外部表现

当人产生某种情绪的主观体验时，总是会伴随着相应的外在情绪表现即表情，具体指面部表情和姿势表情、语调表情。表情在情绪活动中具有独特作用，是情绪本身不可分割的发生机制，也是传递情绪信息的外部表现。

1. 面部表情

面部表情是以面部肌肉活动为主的一种情绪表达方式，汉语中有许多这一类的词语，譬如愁眉苦脸、直眉怒目、眉飞色舞、横眉冷对等，都是指人们在某种情绪状态时的具体面部表现。面部表情具有双向沟通作用：一方面，面部表情是情绪当事人主观的情绪状态；另一方面，面部表情也为他人了解当事人的情绪状态提供了情绪信息，使当事人可以通过自己的面部表情了解自己内心情绪反应的情况。

2. 姿势表情

姿势表情包括身体动作与手势。身体动作是表达情绪的重要方式：高兴时的手舞足蹈、捧腹大笑、载歌载舞；紧张时的手足无措、坐立不安；惊恐时的双肩紧缩、瑟瑟发抖；愤怒时的咬牙切齿、昂首顿足。

手势通常作为一种辅助性语言使用，通常用于弥补口头言语表达方面上的某些不足，用来表达同意或否定、拒绝或接纳、喜欢或厌恶等思想或情感。有时候手势也可单独用于表达情感、思想、指示等，譬如举手表决、摆手再见、挥手示意、摊开双手表示无奈等。

3. 语调表情

语调表情是通过声调、节奏变化来表达的，譬如，爽朗的笑声、痛苦的呻吟都表达了不同的情绪状态。人们在紧张时，声音尖锐而急促；平静时，语音平缓而沉着；悲痛时，语调悲切、深沉而惋惜。

（三）心理唤醒

不同的情绪体验会伴随着心理唤醒，这是情绪产生的生理反应。当人感到快乐的时候，心跳的节律正常；当人感到恐惧的时候，心跳加速，呼吸急促，肌肉紧张，四肢发抖。

以上三个部分同时发生，才能构成完整的情绪体验过程。当一个人假装很高兴时，他只有高兴的外表，而没有内在的高兴体验和心理唤醒，算不上真正的高兴。

二、情绪状态

按照情绪状态可将情绪分为心境、激情、应激三种状态形式。

(一)心境

心境是指比较微弱、持久且具有弥漫性的情绪体验状态,也就是平时说的心情。“忧者见之而忧,喜者见之而喜”就是心境的表现。心境有消极和积极之分。

一个人像一支曲子,有主旋律也有变调。再悲观的人也有快乐的时候,再乐观的人也有沮丧的时候。一个人的心境是有颜色的,这个颜色反映了他的情绪基调。

(二)激情

激情是一种强烈、短暂、爆发性的情绪状态,通常由突然发生的对人具有重大意义的事件引起,比如亲人离去、中考失败等。在激情状态下,人的理解力、自制力等都有可能降低。激情也有不同的体验,譬如,双目狰狞、咬牙切齿、怒发冲冠——愤怒;喜笑颜开、手舞足蹈——兴奋、高兴;发呆、晕倒、精神休克——悲痛。

(三)应激

应激是指在出乎意料的紧迫情况下引起的高度紧张的情绪状态。人们遇到突如其来的紧急事故时,比如地震、火灾等就会出现应激状态。

灾难性和创伤性事件可能造成创伤后应激障碍,当事人不断以某种形式体验到伤害性事件,如闪回或噩梦;对日常生活的事件感情麻木,感觉和他人疏远;可能出现失眠、幸存的内疚感,注意力集中困难,极端惊恐反应等。

三、情绪的功能

在生活中,情绪具有重要的功能,主要有适应、调控、激励、健康功能。

（一）适应功能

情绪是有机体适应生存和发展的一种重要方式。如遇到危险时产生恐惧情绪，进而发出呼救信号，就是人求生的一种手段。婴儿出生时，还不具备独立思考和生存的能力，这时主要依赖情绪来传递信息，与成人进行交流，得到成人的抚养。成人也正是通过婴儿的情绪反应，及时为婴儿提供各种生活条件。

（二）调控功能

情绪对于人们的认知过程具有影响作用，有积极的作用，也有消极的作用。积极的情绪情感会提高大脑活动的效率，提高认知操作的速度和质量。消极的情绪情感会降低大脑活动的效率，降低认识操作的速度和质量。

考试焦虑就是一个典型的例子。心理学家把“考试焦虑”分为低、中、高三级水平：当人的情绪过于放松，一点不紧张时，即考试焦虑程度低的时候，其认知操作的成绩很差；当人的情绪比较紧张但又不过分紧张时，即考试焦虑呈中等水平时，认知操作成绩最好；当情绪进一步紧张，达到过度兴奋时，即考试焦虑程度非常高时，认知操作的成绩又会降下来。由此可见，情绪对认知活动的调控是非常重要的。

（三）激励功能

情绪和情感能够构成一个基本的动力系统。从情绪的动力性特征看，情绪分为积极增力的情绪和消极减力的情绪，快乐、热爱、自信等积极增力的情绪会提高人们的活动能力及效率，而恐惧、痛苦、自卑等消极减力的情绪则会降低人们活动的积极性。有些情绪同时兼具增力与减力两种动力的性质，如悲痛可以使人消沉，也可以使人化悲痛为力量。

（四）健康功能

情绪对健康的影响是大家都知道的。积极的情绪有助于身心健康，消极的情绪会引起人的各种疾病。《内经》中就有“怒伤肝，喜伤心，思伤肺，恐伤肾”的记载。有许多疾病与人的情绪失调有关，如溃疡、偏头痛、高血压、哮喘、月经失调等。有些人患癌症也与长期心理压抑有关。愉快的情绪还能使整个机体的免疫系统和体内化学物质处于平衡状态，从而增强对疾病的抵抗力。

【心灵万花筒】

读一读

小丑进城，胜过一打医生[①]

英国著名化学家法拉第，由于长期紧张研究工作，患头痛、失眠等症，多方求治也不见效，健康每况愈下。后来，一位高明的医师为他做了检查，并开了一张奇怪的处方，没写药名，只写了一句谚语“小丑进城，胜过一打医生”。开始法拉第百思不解，后来逐渐悟出其中道理，便决心不再打针吃药，而是经常到马戏团看小丑表演，精彩的表演常常使他开怀大笑。他还经常到海边度假，调剂生活，不久身体便逐渐康复。

你快乐吗？[②]

假日，我和妻子去风景区游玩。天气预报说有雨，我们带了伞。那天果然下起了大雨。游人很多，有不少人没带伞，大雨瓢泼而下，他们立刻就被淋成了落汤鸡，一个个狼狈不堪。我和妻子安然无事，只是雨水打湿了一点儿裤腿，鞋子沾上了一点儿泥巴。那天妻子很快乐。过了一天，我们去另一个地方游玩。天气预报还是说有雨，我们照旧带了伞。可是那天却没有下雨，于是雨伞成了我们手中的累赘。当看到其他游客没有带伞，两手空空十分轻松的样子，妻子开始后悔：不该带伞。这一天妻子不快乐。我对她说：“你应该快乐才是。昨天雨水打湿了你的裤子，泥巴弄脏了你的鞋子，今天一身清清爽爽的，为什么不快乐呢？”妻子说：“昨天大雨把别人淋成落汤鸡没把我淋着，所以我快乐；今天别人手里没有累赘我有累赘，所以我不快乐。”于是我明白了：原来快乐与不快乐并不在于自己是不是过得好，而在于跟别人相比自己是不是过得好。我还明白了，为什么有人这样说：什么叫幸福？幸福是你看到别人比你更不幸。什么叫不幸？不幸是你看

① 奚潘良，顾友珍．挑战亚健康［M］．上海：上海社会科学院出版社，2002.

② 广东省教学教材研究室．高中生心理健康教育［M］．第2版．广州：广东教育出版社，2004.

到别人比你更幸福。我明白了很多很多,但有一条不明白:我们到底是为别人活着还是为自己活着?为自己活着,为什么老是把眼睛盯在别人身上?自己觉得快乐,这还不够吗?有什么理由自寻烦恼,让自己的快乐在跟别人的比较中变成不快乐呢?

测一测①

依据自身情况用“是”或“否”来回答以下问题。

(1)尽管发生了不快,你仍能毫不在乎地思考其他事情。

(2)不计较小事,经常保持坦率诚恳的态度。

(3)习惯把担心的事情写在纸上,并进行整理。

(4)在做事情的时候,往往具有比规定更有可能实现的目标。

(5)失败的时候会仔细思考,反省其中的原因,不会愁眉不展,整天闷闷不乐。

(6)具有悠闲、自娱自乐的爱好。

(7)常常倾听众人的意见,听取别人意见并改正。

(8)做事情有计划积极地进行,遇到挫折也不气馁。

(9)在无路可走的时候,能改变你的生活方式或节奏,适应新的生活。

(10)在学业上,尽管别人比你强,但仍旧保持“我走我的路”的信心。

(11)对于自己的进步,哪怕只是一点点,都会感到高兴。

(12)乐于一点一滴地累积有益的东西。

(13)很少感情用事。

(14)尽管想做某一件事情,但是自己估量不可能时,也会打消念头。

(15)往往理智、缜密地思考和判断,不拘泥于细枝末节。

计分方式及解析②:

回答一个“是”,可以获得1分。

0~6分:你的情绪不稳定,经常患得患失,所以要引起重视,如果你的状态是这样的,不妨找朋友或专家谈谈,分担一下。

7~9分:情绪稳定性尚可,但缺乏情绪管理的能力,需要借助相关的课程或者书籍来学习相应的技巧。

10~15分:情绪管理能力很好,有较强的自我反省能力,能很好处理一些事情。

① 周明明.大学生心理健康教育项目化教程[M].济南:山东人民出版社,2016.

② 解析仅供参考。

第二节　我的情绪我做主

【案例启迪】

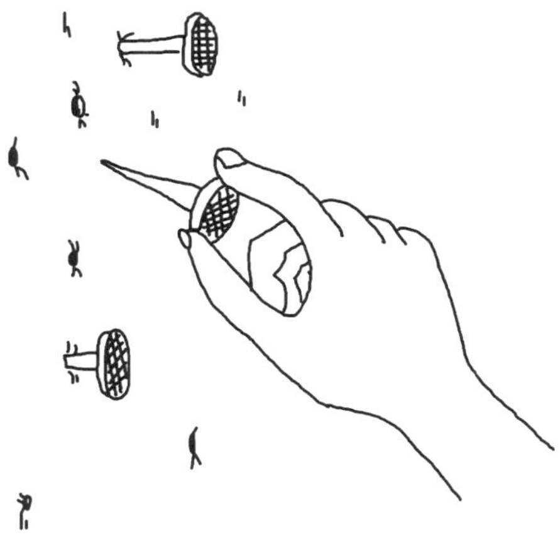

一个男孩脾气很坏，于是他的父亲给了他一袋钉子，并且告诉他，当他想发脾气的时候，就钉一根钉子在后院的篱笆上。第一天，这个男孩钉下了40根钉子。慢慢地，男孩可以控制他的情绪，不再乱发脾气，所以每天钉下的钉子也随之减少，他发现控制自己的脾气比钉下那些钉子来得容易一些。后来，父亲告诉他，现在开始当他能控制自己脾气的时候，就拔出一根钉子。

时间一天天过去了，最后男孩告诉他的父亲，他已经把所有的钉子都拔出来了。父亲牵着他的手来到后院，告诉他说："孩子，你做得很好，但看看那些围墙上的坑坑洞洞，这些围墙将永远回不到原来的样子了。当你生气时所说的话、所做出的过激行为，就像这些钉子一样，会给他人、给自己留下很难弥补的疤痕，有些甚至是难以磨灭的呀！"从此，男孩深刻懂得了管理情绪的重要性。[①]

【指点迷津】

通过案例中小男孩的故事你掌握到管理情绪的重要性了吗？

在我们生活当中会有很多事情影响到我们的情绪，比如考试失利、朋友或者亲人的不理解、人际交往中的各类矛盾，这些都会影响到我们的情绪，只有掌握了管理情绪的方法我们才能够更好地控制情绪，更好地生活、学习。

一、常见的不良情绪

（一）抑郁

抑郁是一种愁闷的心境，表现为情绪反应强度的不足，如没有激情、忧心忡忡、长吁

① 程样国，等.点亮心灵的明灯：大学生心理导航[M].南昌：江西高校出版社，2008.

短叹、话语减少、食欲不振等生理和心理反应。

抑郁症状一般与个人学习、交往和生活中的困扰和挫折有关。其主要症状表现为压抑、苦闷、负面自我评价，感到无价值、无意义、悲观、失望，缺乏兴趣，依赖性强；反应迟钝，活动水平下降，动作迟缓，甚至木僵状态；回避交往、自卑、自责、自罪；体验不到快乐，身体有不良反应（失眠、食欲下降、体重下降、言语动作迟缓、乏力、面色灰暗、哭泣、叹息等），甚至有自杀倾向等。

（二）焦虑

焦虑是常见的情绪状态，主要表现为烦躁、精力不足、注意力难以集中、易怒、肌肉紧张酸痛、呼吸急促、心悸、难以入睡，是一种类似担忧的反应或是自尊心受到潜在威胁时产生担忧的反应倾向，是个体主观上预料将会有某种不良后果产生的不安感，是紧张、害怕、担忧混合的情绪体验。当一个人在学习、工作、生活各方面遭遇挫折或担心需要付出巨大努力的事情来临时，便会产生这种体验。焦虑是一把双刃剑，焦虑情绪本身并非是一种情绪困扰，适度焦虑有益于个人潜能的开发，但是过度的焦虑，往往会导致人注意力分散和工作学习效率下降。

（三）愤怒

愤怒是由于客观事物与人的主观愿望相违背，或因愿望无法实现时，人们内心产生的一种激烈的情绪反应。心理学研究表明，愤怒可能导致人体心跳加快、心律失常、血压升高等躯体性反应，同时还会使人的自制力减弱甚至是丧失，思维受阻，行为冲动，易做出一些追悔莫及的事情或造成不可挽回的损失。

诱发愤怒的因素主要有强烈愿望被限制或阻止、不良人际关系、受到侮辱或欺骗、遭遇挫折或干扰、被迫去做自己不愿意做的事情、持续的痛苦等。

(四)嫉妒

嫉妒是一种因他人在某些方面优于自己而产生的带有忧虑、愤怒和怨恨他人的情绪。其表现是不能容忍别人的进步和优点,通过诋毁对方来达到心理上的暂时平衡。轻微的嫉妒会使人感受到压力的存在,促使人去奋进拼搏、赶超对方,但严重的嫉妒会导致焦虑和敌意的产生,甚至引发过激行为。

(五)自卑

自卑是带有一种自我否定倾向的情绪体验,表现为对自己的能力或品质等评价过低,看不起自己。一般而言,很多人都曾经历或轻或重的自卑,这大多与失败的经历密切相关。轻度的自卑,个体经过一定的调整,很容易就能克服;过度的自卑则会导致个体长时间消沉不振,严重时甚至导致个体抑郁或自杀。自卑的主要表现为少言寡语、敏感多疑、自暴自弃、逃避现实和反叛心理。

二、不良情绪的调节方法

也许你正因自己的贪玩而内疚,也许你正在因面临考试而焦虑,也许你正在因同学的误解而苦恼……无论怎样，你都要学会正视自己的情绪，不为此而感到沮丧或者自责。学会合理表达自己的情绪，不让自己被消极情绪牵着鼻子走，要做情绪的主人。

（一）正视情绪

每个人都或多或少有一定的消极情绪，如果你产生了消极情绪，一味去压抑、掩饰或否认，并不能从根本上解决问题。相反，应该正视自己的消极情绪，因为消极情绪是生命中合情合理的部分。而且，消极情绪也是对我们的提醒，例如，你可能正在为同学的矛盾而苦恼，这种苦恼正是在提醒你需要调整自己的人际交往方式。

（二）积极地自我暗示

心理暗示，从心理学角度来讲，就是个人通过语言、形象、想象等方式，对自身施加影响的心理过程。积极的自我暗示，能在不知不觉中对自己的心理以至生理状态产生积极影响，令人保持好心情和自信心，从而调动人的内在因素，发挥主观能动性。

如坚持每天早上对着镜子感受一下自己的精神状态，在心理上暗示自己：我感觉精神很饱满，状态很好（或诸如此类的积极话语），也可尝试大声讲出上述句子，重复3～5次，同时配合一些鼓舞士气的肢体动作，想象精神振奋的感觉由内向外散发出来。

（三）转移注意力

转移注意力，就是把注意力从引起不良情绪反应的刺激环境转移到其他事物或从事其他活动的自我调节方法。

当出现情绪不佳的情况时，把注意力转移到使自己感兴趣的事情上去，如外出散步、看电影、读书、打球、下棋、找朋友聊天、听音乐等，一方面中止了不良刺激源的作用，防止不良情绪的泛化、蔓延；另一方面，通过参与新的活动特别是自己感兴趣的活动，还可以达到增进积极情绪体验的目的。

（四）适度宣泄

过分压抑只会使情绪困扰加重，而适度宣泄则可以释放不良情绪，使紧张的情绪得以缓解。

遇到不良情绪，最简单的方法就是适度宣泄。例如尽情地向至亲好友倾诉自己认为的不平和委屈等，一旦宣泄完毕，心情也会随之平静下来；或通过体育运动、劳动的方式来适度宣泄；或是到空旷的山林原野，拟订一个假目标，大声喊，宣泄心中的委屈和不快。

值得注意的是采用宣泄法调节自己的不良情绪时，必须增强自制力，切忌随意发泄不满或不愉快的情绪，要采取正确的方式，选择适当的场合和对象，以免引起不良后果。

（五）调整期望

愿望或目标落空，会产生心理落差，进而引发失望、难过等消极情绪。当不如意的事情发生时，要学会面对现实，调整期望。

"人生不如意之事，常有八九"，当我们学会了通过调整期望来适应现实生活，不会过分关注眼前的得失，心情自然会愉快起来。

（六）善用技巧

1. 深呼吸

人在情绪激动时，会感到呼吸急促，试着做几次深呼吸，会让你轻松很多。尝试腹式呼吸的方式，深深吸气的同时，感觉自己的小腹逐渐鼓起；缓缓呼气的同时，感觉自己的小腹逐渐收缩。通过反复深呼吸，调节生理状态，放松身体，达到放松心理状态的效果。

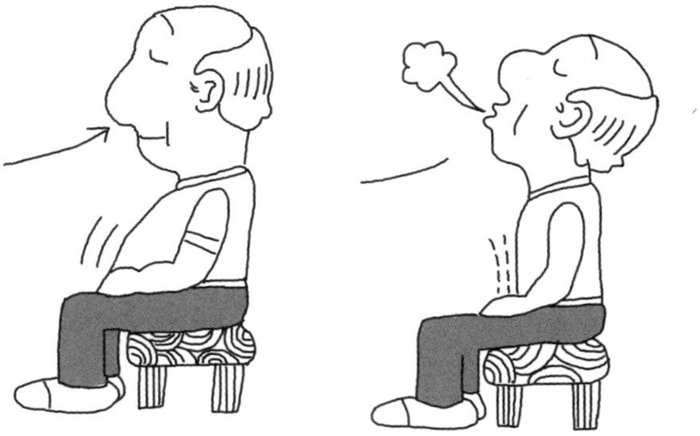

2.音乐调节

心情不佳时，听一段有感染力的欢快音乐，会感觉轻松很多。音乐可以治病，主要原因是音乐对大脑皮层的刺激可以改变脑电波，进而起到调节情绪状态的目的。

3.体育锻炼

体育锻炼能够增加血氧含量，促进我们的身体释放内啡肽和血清素(令身体感到快乐的化学物质)，而且有助于将注意力从引发低落情绪的事情上转移出来。

【心灵万花筒】

读一读

微笑着去生活[1]

有一个小女孩，天生容貌丑陋，她有着严重的自卑心理，别人很少能从她的脸上看到笑容。

幸福女神决定帮助这个女孩，使她快乐起来。于是，幸福女神就带她去参观两座玫瑰园。当她们走进第一座玫瑰花园时，里面阳光明媚，鸟语花香，随时都可以听到朗朗的笑声。在里面遇到的每一个人，都会热情地跟她们打招呼，并且送给她们一个真诚的微笑。之后，幸福女神就问小女孩："你喜欢这里吗？"

小女孩点了点头："喜欢呀，这里的人爱笑，她们非常地热情和亲切。"

随后，幸福女神又带小女孩进了第二座玫瑰花园。那里面死气沉沉的，天气阴郁，地上长满了杂草，玫瑰花也开得无精打采，她们见到的每一个人，都面带忧郁，没有一个人主动跟她们打招呼。

从第二座玫瑰花园出来之后，幸运女神又问小女孩："现在你把这两座玫瑰花园比较一下，你愿意在哪一座玫瑰花园里生活呢？"

小女孩毫不犹豫地回答："当然是第一座玫瑰花园里，因为她们每一个人的脸上都有着灿烂的笑容。"

幸福女神拍了拍小女孩的头说："是啊，当你笑的时候，也就拥有了一座美丽的玫瑰花园。同时，你也把自己的幸福分享给了身边的每一个人，他们也会被你引入第一座玫瑰花园里。"

小女孩恍然大悟。从此，她学会了笑对生活。

爱地巴跑圈[2]

在古老的西藏，有一个名叫爱地巴的人，每次生气与人起争执的时候，他就以最快的速度跑回家去，绕着自己的房子和土地跑3圈，然后坐在田地边喘气。

爱地巴工作非常努力，他的房子越来越大，土地也越来越广，但不管房、地有多大，只要与人争论生气，他还是会绕着房子和土地跑3圈，爱地巴为何每次生气都绕着房子和土地绕3圈？所有认识他的人，心里都很疑惑，但是不管怎么问他，爱地巴都不愿意说明。

---

① 王国华. 人生感悟:天使为什么能够飞翔[M]. 长春:北方妇女儿童出版社,2010.

② 刘学军. 从小事中学大道理[M]. 北京:中国国际广播出版社,1998.

直到有一天，爱地巴很老了，他的房子和土地已经非常广大，他生气的时候，依然拄着拐杖艰难地绕着土地跟房子踱步，等他好不容易走完3圈，太阳都下山了，爱地巴独自坐在田边喘气。

他的孙子在身边恳求他："阿公，您年纪已经那么大了，这附近地区的人也没有人的土地比您的更大，您不能再像从前那样，一生气就绕着土地跑啊！您可不可以告诉我这个秘密，为什么您一生气就要绕着土地跑上3圈？"爱地巴禁不起孙子恳求，终于说出隐藏在心中多年的秘密，他说："年轻时，我若和人吵架、争论、生气，就绕着房子和土地跑3圈，边跑边想，我的房子这么小，土地这么小，我哪有时间，哪有资格去跟人家生气，一想到这里，气就消了，于是就把所有时间用来努力工作。"孙子问道："阿公，您年纪大了，又变成了最富有的人，为什么还要继续绕着房子和土地跑？"爱地巴笑着说："我现在还是会生气，生气时绕着房子和土地走3圈，边走边想，我的房子这么大，土地这么多，我又何必跟人计较？一想到这，气就消了。"

第五章

人生路上　有你真好
——人际关系调节

【写在前面】

人一生都在不断地成长，成长的同时会收获很多陪伴，有来自朋友真挚温暖的陪伴，带给我们关怀；有来自父母悉心呵护的陪伴，陪着我们慢慢长大；更有来自爱人不离不弃的陪伴，使平凡的日子变得意义非凡。每一种陪伴的背后都蕴含着无私的爱，正是这些陪伴，才使得我们的人生道路宽敞明亮，所以不管是朋友、父母还是爱人，都值得我们格外珍惜。

第一节　人际交往知多少

【案例启迪】

小欣和小佳是亲密无间的好朋友，她们在学校一起吃饭，一起参加活动，两个人像亲姐妹一样。有一天，小欣上课开小差，被老师点名批评，心情非常低落，于是向小佳倾诉内心的郁闷，想得到小佳的安慰。可小佳却认为小欣上课不应该开小差，还说了小欣几句。小欣原本就很不开心，此时更加生气，还说小佳不跟自己站在同一战线上，于是推开小佳，自己生着闷气跑回了家。此后，小欣就赌气

似的不再跟小佳一起玩耍。小佳也很郁闷,觉得自己明明是为小欣好,为什么小欣就不理解自己呢。

【指点迷津】

朋友之间应该相互促进,共同成长。小欣在课堂上开小差是错误的行为,上课应该要认真听讲。小佳出于善意给予提醒是正确的,作为朋友就应该帮助小欣改正错误的行为习惯。但是,即使是再亲密的朋友也需要相互理解与尊重。如果小欣自己能够先意识到错误所在,并且相信和理解小佳的心意,或许她们的感情就不会受到影响。如果小佳能够在积极引导小欣的同时给予必要的安慰,或许小欣就能够理解小佳的心意。

【知识链接】

一、人际交往知多少

人际交往也叫人际沟通,是指一个人通过一定的语言、文字、肢体动作或表情等表达手段将某种信息传递给其他人的过程。

人际关系则是人与人通过交往建立起来的心理上的联系,包括亲属关系、朋友关系、同学关系、师生关系、雇佣关系、同事关系等。

二、人际交往的特点

(一)交往对象的广泛性与多样性

在日常人际交往过程中会遇到各种交往对象,例如医生、驾驶员、销售人员等,不仅在国内,在国外也可能存在交往对象。所以,人不是孤立的存在,而是存在于社会交往之中的。

(二)交往内容的模糊性和多变性

日常的人际交往内容较为模糊而且复杂多变。例如人与人在生活上的相互关心与体贴,在精神上的相互鼓励与安慰,在学习上的相互支持与帮助等。

(三)交往形式的多样性和复杂性

交往除了书面语言、口头语言形式外,还常常包括通过眼神、面部表情、手势动作、仪态和衣着服饰等来进行的思想和情感的交流。随着科技的不断进步和发展,网络交往逐渐成为交往的一种形式,并且占据非常重要的地位。

三、维护人际关系的原则

(一)互相尊重,求同存异

互相尊重是人际交往的前提,只有做到尊重他人,才能受到他人的尊重。每个人都是独立的个体,都有自己的思想和个性。因此,当两个及两个以上个体的思想发生碰撞时,可能产生不一样的声音,此时我们就要懂得欣赏他人的优点,学习他人的长处去弥补自己的不足。

(二)严于律己,宽以待人

我们要严格要求自己,用纪律和规矩去约束自己的言行举止,这样才能给他人留下良好的印象。对他人的不足之处,我们要学会宽容,要以一颗包容的心去理解和尊重他人。

(三)互相帮助,取长补短

在人际交往中,我们要相互帮助,只有这样才能在不断互补中提升做事的效率,从中建立深厚的友谊。当然,帮助他人时要注意方式方法,切忌借机炫耀、卖弄、表现自己,还必须坚持原则。

四、朋友交往的基本要求

(一)学会倾听

当朋友遇到挫折和烦恼向我们倾诉时,说明他此时需要适当的宣泄,作为朋友,我们应真诚、耐心地倾听对方的诉说,为朋友打开一个情感的宣泄口。如果朋友心情非常低落,我们在倾听的过程中,还可以给予适当的宽慰,这样有助于对方感受到我们的理解与关心,同时也会在无形之中使相互之间的友谊更加稳固。

(二)用心经营

朋友之间应当真诚相待,绝不能欺骗和背叛朋友。当朋友遇到困难时,在我们能力范围内尽力帮助朋友；当朋友犯错误时，我们应该善意提醒朋友。朋友之间应该经常联系和相互关心，这样才会越来越亲近，友情也会随着我们的用心经营而日益浓厚。

（三）掌握分寸

朋友之间需要相互尊重、平等相待，再亲密的朋友也需要把握尺度、掌握分寸。朋友之间亲密无间并不代表无所顾忌，也不代表着无话不谈。有时候，虽然我们是为朋友着想，但如果在话语或行动上处理得不恰当，很可能会适得其反。所以，维护好朋友之间的感情是一门学问，需要我们在日常生活中多学习和摸索。

（四）心胸宽广

每个人都有自己的个性和脾气。朋友在相处的过程中要学会适当克制，在处理矛盾和分歧的时候要尝试理解和包容他人，多站在对方的立场上理解对方的感受，思考对方在意的问题，不能遇到不如意就使性子、耍脾气，这样会带给彼此困扰，进而伤害到友情。所以朋友之间遇到问题要沟通，遇到困难要积极去解决，彼此多为对方考虑，这样才能促进朋友之间的感情和谐稳定。

【心灵万花筒】

读一读

人际交往的心理效应

1. 首因效应

“首因”也可以说是第一印象。人们对一个人的态度、行为很大程度上取决于第一印象。如果初次给他人留下深刻的印象，会对以后的人际交往起到重要的作用。

2. 近因效应

近因效应是指在交往过程中，我们对他人最近、最新的认识占了主导地位，掩盖了以往的评价。比如，你认识的一个朋友之前一直碌碌无为，但他近来在事业上有所成绩，你就会一扫其平凡的印象，对其刮目相看。

3. 晕轮效应

晕轮效应是指当认知者对一个人的某种特征形成好或坏的印象后，他会倾向于据此推论该人其他方面的特征。这本质上是一种认知上以偏概全的偏差。

4. 刻板效应

刻板效应是指对某一类人或事物产生的一种比较固定、概括而笼统的看法，比如大家看到戴眼镜的人就会将其与斯文联系在一起。

5. 刺猬效应

刺猬效应是指刺猬在天冷时彼此靠拢取暖，但保持一定的距离，以免相互刺伤的现象。这一效应应用在人际交往过程中，指人在交往中要保持适度的距离，尊重彼此的心理感受才能达到理想的交往效果。

黄金法则与反黄金法则

"我对他那么好，他每次找我帮忙，我都是二话不说伸出援手，为什么当我遇到困难的时候，他却不帮忙?"在生活中，不乏类似的抱怨。

看似是朋友之间因为彼此不同等的对待方式引发的矛盾，然而认真分析，这句话却潜藏着一种不合理的认知。讲话者之所以会发出这样的抱怨，是因为他认为自己如何对待他人，他人就应该如何对待自己。然而，由于每个人的成长环境和教育方式不同，在性格特点、人际交往方式等方面必然存在诸多差异，同样的事件，不同的人会有不同的应对和处理方式。如果站在自己的角度，以己度人，用自己为人处世的标准来衡量他人，便容易造成心理困扰及不必要的矛盾。

在人际交往中，有一个著名的"黄金法则"，指的是在人际交往中，希望对方如何对待自己，则以同样的方式对待对方。遵循黄金法则能够提升自己的人际吸引力，改善人际关系。此外，还有一个"反黄金法则"，即在人际交往中，认为自己如何对待对方，对方就应该如何对待自己。遵循反黄金法则，一旦对方没有按照自己的方式与自己互动，就极易产生失落感、挫败感，甚至是抱怨、愤怒，进而引发人际矛盾。

所以，在人际交往过程中，如果能够及时觉察潜藏在观念中的反黄金法则并及时调整，则能够化解很多不必要的矛盾、纠纷，提升人际交往的效果。

第二节 亲子沟通

【案例启迪】

璨璨是某中职学校一年级的学生，两年前她的父母离异，又分别组建了新的家庭，她与妈妈和继父一起生活。一年前，妈妈生下一对双胞胎弟弟，平时忙于照顾两个小娃娃，对璨璨的关心少了很多。璨璨因此感到十分委屈，内心觉得妈妈不公平，将所有的爱都给了两个弟弟，根本不关心自己，于是赌气和妈妈冷战，放学回家就钻到自己的房间，谁都不理。一天下午放学后，她打开房门，发现妈妈正在翻看自己的日记本。这一幕让她气愤不已，她觉得妈妈未经自己允许偷看日记本侵犯了自己的隐私，和妈妈大吵一架后跑到了姨妈家里。

【指点迷津】

你有没有过类似的经历呢？璨璨的妈妈为什么要这样做呢？璨璨在跑出家门的时候，内心一定充满了委屈和愤怒，这让她无暇去思考妈妈做法背后的原因。家长偷偷翻看子女的日记，的确是侵犯了孩子的隐私，但他们这样的行为，很可能是因为急于想了解孩子但又不知如何与孩子沟通，只是他们表达关心的方式出现了问题。

【知识链接】

一、亲子交往产生矛盾的原因

（一）父母方面

1.教育观念偏差

存在这个原因的家庭，亲子之间的关系可能处于一种不平等、缺乏尊重的状态。父母或许认为子女是自己的私有物品，并以成人的思维和价值标准去要求子女与自己相一致。

2.沟通意识淡薄

当子女在跟家长分享自己的喜怒哀乐时，有些家长会表现出不耐烦或敷衍的态度，此时子女能够感知家长的情绪和态度，这无疑不利于双方的情感关系。

3.教育方法错误

在现实生活中，有些家长对子女寄予厚望，“望子成龙”的想法无形中给子女带来了很大的压力；有些独生子女被家中所有的亲人、长辈给予了过分的关爱。这两种教育方式都不利于子女独立健康地成长，只有刚柔并济，才能使亲子关系健康稳固发展，有利于子女完善人格的形成。

(二)子女方面

1.逆反心加重

青少年进入青春期后，自我意识不断增强。随着社交范围的不断扩大和认知能力的显著提升，他们的情绪容易受到影响，从而产生波动，此时如果家长依然将他们当作小孩子来看待，可能就会使他们自尊心受挫，进而产生反抗的情绪。

2.同伴关系愈发重要

孩子在小时候不论是在生活还是心理上都对家长十分依赖，但青春期的孩子会逐渐将注意力放在同伴关系的维持上，看重与同伴的友情，与同伴关系亲密，特别在意同伴对自己的评价和感情等。所以，此时家长如果不能站在子女的角度看待问题，依然希望子女像小时候一样依赖自己，就容易引起子女的逆反情绪。

二、亲子沟通不简单，4个要点记心中

1.学会与自己相处

如果想要与父母和睦相处，首先要了解自己，如自己的性格特点、常用的人际交往方式、自身的优点与不足等。只有明确了对自身的认识，在与父母沟通过程中才能够有更多的自我觉察，并在此基础之上积极调整交往的方式，合理看待自身的问题，而不是一味抱怨父母，加剧矛盾。

2.相互理解与沟通

子女要学会理解父母每天工作和养家的压力与辛苦；而家长也应多站在子女的角度分析问题，积极引导子女成长。在生活中，父母与子女如果能够建立相互的信任，经常沟通交流，能避免很多不必要的亲子矛盾。

3.善待父母,懂得感恩

俗话说,“滴水之恩当涌泉相报”,父母为子女的付出是无法用价值来衡量的。所以,在与父母相处时,懂得感恩是对父母最好的回报。常怀感恩之心,试着为父母分忧解难,学会尊重父母,这样能够促进亲子关系和谐。

4.巧妙关怀

子女可将自己的快乐同父母分享,也可将自己的烦恼向父母倾诉。对于父母而言,能够为孩子提供帮助是非常有价值、有意义的事情。尤其是遇到烦心事时,及时向父母倾诉,他们会感受到来自子女的信任,这有助于加深亲子感情。此外,向父母请教经验及技巧,可以让父母体验到自身的价值感,也是改善亲子关系的有效途径。

三、算算亲情账

每一个生命降临的时候,都有两个守护天使陪伴在左右,那就是我们的爸爸和妈妈。在我们的成长历程中,他们付出了很多。那么接下来我们就试着算一算这笔亲情账,看看为了守护我们成长,他们到底付出了多少。

年度亲情账单

(1)吃饭、零食:____________________

(2)衣服、鞋袜:____________________

(3)手机、话费:____________________

(4)学杂费:____________________

(5)外出游玩:____________________

(6)生病护理:____________________

(7)其他:____________________

大家可以自行完善和补充这个账单,也许用心计算之后,你会发现,除了这些能够用金钱去衡量的支出外,还有很多的爱与关心其实是无法量化的。所以,珍惜父母的点滴付出,学会感恩,懂得回报,是每个人应该好好记住的。

【心灵万花筒】

写一写

准备一张便笺纸，尝试着在纸上写下关于父母的如下几项信息：

(1)父母的鞋码；

(2)父母的身高、体重；

(3)父母的生日；

(4)父母最爱吃的菜；

(5)父母最好的朋友；

(6)父母的兴趣爱好；

(7)父母最喜欢的颜色；

……

思考：

(1)你用了多长时间完成以上几个问题？上述信息你都写完整了吗，为什么？

(2)如果换个角度，让父母来写关于你的上述信息，会有什么不同呢？他们会不会用时更短，了解得更全面呢？

(3)如果你有部分问题没能回答出，不妨在平时多关心父母，多与他们聊天、谈心，增进对他们的认识与了解。

第三节　异性交往

【案例启迪】

小莉有一个温馨和谐的家庭，父母对她关怀备至。她身边还有一群可爱的小伙伴儿。可自从进入青春期后，小莉发现自己好像对隔壁班的一名学霸男孩特别关注，总是想要了解对方的喜好，就连跟他在学校走廊上擦肩而过，小莉内心都异常激动，脸红到不知所措，只能默默低头走过。小莉由于缺乏对情感的辨别能力和自制能力，上课经常偷偷玩手机浏览男孩的QQ空间，以致每次被老师提问时都回答不上来。渐渐地，老师关注到了小莉思想上有所“抛锚”，小莉也意识到自己最近的变化。此时，小莉很纠结，自己对男孩异常的关注让她感到很羞愧，却又不知所措。

【指点迷津】

异性交往在日常生活中是一件十分正常的事情，这种交往存在于探讨知识、结伴完成任务或生活中的互相帮助等方面。案例中的小莉之所以纠结，一方面是因为青春期的心理特征及对两性关系的好奇，另一方面则是因为本阶段的学生，缺乏对两性关系的正确认知和对自我情感的辨别能力。

【知识链接】

一、如何把握好异性交往的尺度

（一）自然适度地交往

所谓自然，就是在与异性交往的过程中，言行举止和情感流露要自然顺畅，切勿盲目冲动。所谓适度，就是在与异性交往的过程中，要自尊、自爱、自重，行为举止符合中学生的日常行为规范，不宜过分亲昵或过分冷淡，只有把握好了尺度才能使异性友谊变得积极健康、纯洁质朴。

（二）注意交往的场所和方式

异性交往应当以集体活动交往为主要方式，在集体活动中，个人能力和价值能得到很好的体现。同时在交往时应当有礼有节，把握尺度，以免超出正常的交往范围，造成不良的后果。

(三)尊重对方

在与异性交往中难免出现一时冲动,传纸条、写情书事件时有发生。收到纸条、情书后要慎重处理,不应当面指责,更不宜将事情随便公开,否则会使对方感到无地自容,甚至反目成仇。正确的方法是私下找对方推心置腹地谈一谈,建议对方将注意力放在学习及自我提升上,事后仍保持正常的同学交往,当作朋友相处。

(四)莫把好感当爱情

少男少女容易产生朦胧的爱慕之情,这是美好、甜蜜、纯洁的,但又是稚嫩的情感体验。由于身心发展尚不成熟,学生不宜发展过分亲密的异性关系,更不宜错将异性友谊当作爱情。作为学生,应该学会区分一时的好感与真正的爱情之间的区别,充分认识到爱情意味着更多的责任与担当,学会将对异性的好感转化为自我完善和提升的动力。

(五)适当释放思慕之情

少男少女相互倾慕是正常现象。思慕异性不是什么大惊小怪的事情,可以大大方方地交往,像对待其他同学一样打招呼、谈话、聊天、玩耍、探讨功课。但是对异性的思慕却不能放任自流,否则就会走向事物的反面,陷入早恋的泥潭。

二、合理认识异性交往

(一)合理异性交往的益处

1.激励共同学习

异性同学一起学习,气氛活跃,自我表现的欲望强烈,促使思维活动更容易碰撞出火花,有利于优势互补,相互启发,激发学习兴趣,促使共同努力。

2.规范言行举止

处于青春期的男生、女生自尊心较强,害怕在异性同学面前丢了“面子”,所以,在异性同学面前,会自觉或不自觉地规范自己的言行举止,从而给异性同学留下美好的印象。

3.丰富情感体验

异性同学在正常交往时,由于相互吸引,感情更为融洽,心情更为愉悦。男女生的情感特点和表达方式各有不同,男生刚强勇敢,不畏艰难;女生细腻温柔,含蓄矜持。异性同学在正常交往时便会体验到同性交往、异性交往之间的差异,从而丰富个人的情感体验。

4.提高社交能力

异性同学之间正常的交往有助于更好地学习和提高人际交往能力、沟通能力和语言表达能力，更好地提升情绪管理的能力，有利于身心健康发展。

5.促进个性发展

异性同学在正常交往过程中相互影响，取长补短，促使交往双方进一步完善自己的性格，促进其个性的全面发展。

（二）不恰当异性交往的危害

1.影响学习和生活

如果异性交往越过尺度，双方就会沉迷其中，严重影响日常的学习和生活。学生在学校的主要任务是学习，所以应当调整自己的情感和心态，将学习作为自己的第一要务，为自己未来的人生而努力拼搏。

2.影响身心发育

中职生虽然随着年龄的增长而逐渐成熟，但是心智和人生阅历还无法达到成年人的水平，所以异性之间的不恰当交往容易阻碍身心健康的发展。

3.失足失身危险

中职生由于心智尚未成熟，容易冲动，自我抑制力较差，较容易出现“越轨”行为。此行为一旦出现，将对学生的身心造成不可挽回的伤害，所以在学习期间，学生提高自制力是非常有必要的。

三、异性交往的要求

（一）明确立场，减少不必要的麻烦

面对异性同学，首先要端正自己的思想认识，凡事要适度，要守底线，言行举止不得过于亲昵，否则不仅会给自己带来不必要的麻烦，还会影响双方友情的正常发展。

（二）悬崖勒马，不要越陷越深

如果对异性同学产生了好感，要懂得取舍，努力将精力转移到学习上。良好的感情关系是建立在双方心智、能力成熟的基础上的，若双方都还未成熟，那这种感情也是不成熟的。

（三）学习为重，切忌因小失大

学生应当在学习期间做与学习相关的事情，把握美好的学习时光至关重要，它关系到一个人的前途和命运，所以学生在面对一些朦胧的异性感情的时候，一定要认真思考，做到自尊、自重、自爱，把握住自己。

【心·灵万花筒】

读一读

英雄救美与吊桥效应

各类影视剧、爱情小说中总不乏英雄救美的情节，几乎最终都是以美女爱上英雄结尾。英雄救美式的爱情故事背后，其实隐含着心理效应。

加拿大的卡皮拉诺吊桥长450英尺（1英尺=0.3048米），宽5英尺，由两条粗麻绳和木板构成，悬挂在230英尺高的卡皮拉诺河河谷上。走在摇晃的吊桥上，有种惊心动魄的刺激感。

心理学家阿瑟·阿伦（Arthor P. Aron）在这座吊桥上进行了一个心理实验。研究小组让一位年轻貌美的女士站在吊桥中央，等待着18～35岁的男士（没有女伴）经过并邀请他们完成一项调查，调查结束后，女士都会将自己的联系方式留给被调查者。之后，同样的实验在另外一座距离水面只有10英尺高的小桥上进行，站在桥上的女士不变。通过后期追踪调查，研究人员了解到，相对于走过小桥的男士，走过卡皮拉诺吊桥的男士普遍认为吊桥中央的女士更漂亮，且其中有约一半的人后来与这位女士联系过。而16位走过小桥的男士中，仅有两位给这位女士打过电话。

通过对实验结果进行对比与分析，阿瑟·阿伦认为当人处于危险情景时，因恐惧引发的心跳加速、呼吸急促等生理反应与一见钟情带来的生理反应类似，如果在危险情景中恰好有一名异性存在，则很容易将由于恐惧感引发的生理变化解读为爱情产生了。

这便是英雄救美式爱情产生的原因。

第六章

发现生命的美
——生命教育

【写在前面】

生命纯属偶然，所以每个生命都要依恋另一个生命，相依为命，结伴而行。

生命纯属偶然，所以每个生命都不属于另一个生命，像一阵风，无牵无挂。

——周国平

第一节　敬畏生命

【案例启迪】

世界上，什么东西力气最大？有人说是大象，还有人说是狮子，更有人开玩笑说是"金刚"……那么答案到底是什么呢？

解剖学者为了研究人的头盖骨的结构，想将其完整分开。然而，由于头盖骨结合得非常紧密、坚固，他们绞尽脑汁想了很多办法都无济于事。后来，有人找来了一些植物种子，将它们放在要解剖的头盖骨里，给它们以合适的温度和湿度，使其发芽。种子发芽的力量是可怕的，这种力量顺利地将一切机械力所不能分开的头盖骨分开了。

【指点迷津】

顶破坚硬的柏油路面，顽皮探出小脑袋的小草；在干涸的大地上，傲然绽放在裂缝中的小花；穿透墙壁、铁网，依然扭曲屹立的大树……植物世界，时时刻刻都在发生着看似不可能的生命奇迹。植物的坚韧与顽强，往往能冲破看似牢不可破的外在束缚，展现生命神奇的力量。

【知识链接】

一、生命的开始

每一个小生命的到来，都带给妈妈们无限的喜悦与幸福，但这些美好情感的背后，还包含很多不为人知的艰辛。

(1)怀孕早期，准妈妈会出现妊娠反应，孕吐严重，什么都吃不下，但为了保证宝宝的营养供给，不得不强忍恶心，强迫自己吃各种有营养的东西。

(2)怀孕中期，随着胎儿一天天长大，准妈妈也开始慢慢发胖，曾经苗条的身材不见了，她们换上宽松的衣服，脱下高跟鞋，坦然接纳自己逐渐走样的身材。

(3)睡眠中变换各种睡姿，依然觉得不舒服。突如其来的腿抽筋以及频繁起夜让准妈妈无法安睡。

(4)怀孕后期，准妈妈开始行动不便，不能弯腰系鞋带，上楼梯会气喘吁吁，脸上出现妊娠斑，肚皮上长出细细的妊娠纹。

(5)产前逐渐频繁的阵痛让人痛不欲生，但是为了迎接新生命的降临，准妈妈勇敢地咬牙坚持。

(6)产后要注意饮食，合理休养，同时又要照顾宝宝，频繁起夜喂奶、换尿不湿，新妈妈们经常手忙脚乱。

(7)最怕的是宝宝生病，看着被病痛折磨的宝宝第一次扎针，心疼得悄悄掉眼泪，恨不得自己去承受这些痛苦。

每个人生命的开始，都伴随着母亲分娩带来的疼痛，甚至要忍受被按压腹部的剧烈疼痛以及麻醉药可能带来的种种后遗症。为了给予我们生命，母亲敢于承受常人无法忍受的疼痛与艰辛。所以，每一个生命的降临，都该被尊重与祝福，生命是来之不易的。

二、生命的独特

一枝从污泥里长出的夏荷，竟开出雪一样洁白纯净的花儿。

一只细细黑黑的萤火虫，竟能在茫茫黑夜里发出星星般闪亮的光。

一株微不足道的小草，竟开出像海洋一样湛蓝的花。

一只毫不起眼的鸟儿，竟能在枝头唱出远胜小提琴的夜曲。

一条柔软无骨的蚯蚓，居然能在坚实的土地里如鱼在海中似的自由遨游。[①]

尽管目前关于生命的起源暂无定论，但生命体与非生命体却有着本质的区别。生命体具有新陈代谢能力、繁殖能力以及遗传能力。例如一株小草能够通过光合作用吸收空气中的二氧化碳产生氧气，能够通过结种子将遗传基因传递给下一代。

在所有的生命体中(原核生物界、原生生物界、真菌界、植物界和动物界)，人类因具备思维、情感、创造力等而区别于其他生物。

故事1：

一个安静的下午，牛顿坐在树下乘凉，忽然有一只苹果掉下来正好砸中牛顿的头。这引发了他的思考：为什么苹果会往下掉而不是飞到天上去呢？后来经过一系列的推理和演算，他揭示出“万有引力定律”。

那么，如果那天下午，被砸中的不是牛顿而是一只猴子，结果会怎样呢？

牛顿

故事2：

法布尔小时候非常喜欢在野外玩耍，尤其喜欢观察各种昆虫，其中特别喜欢蝴蝶。他经常跟在蝴蝶后边，观察它们的生活习性，甚至将毕生的时间和精力都投入对昆虫的研究中，他用了几十年的时间完成了长达十卷的《昆虫记》，这部书受到世界各地人们欢迎，他也成了世界著名的昆虫学家。

试想，如果跟随在蝴蝶后边的不是法布尔，而是一只小猫，结果会怎样呢？

德国哲学家莱布尼茨曾经说过，世界上不存在两片完全相同的树叶。同理，世界上也不存在两个完全相同的人。每个个体都有自己的个性特点、优势与不足等，正是这些造就了我们的与众不同。科学研究表明，即使是同卵双胞胎，也会在个性特点、兴趣爱好等方面表现出差别。他们从父母那里获得了相同的遗传基因，但是在胚胎发育早期，很可能出现数百种基因的变化，这些变化让他们朝不同的方向发展。所以，我们应该学会接纳、欣赏这个独一无二的自己，热爱生活、敬畏生命。

① 孟建平．语文晨读·九年级(下)[M]．第2版．西安：西安出版社，2009.

三、生命的脆弱

生命是奇妙伟大的，与此同时，生命又是非常脆弱易逝的。人类作为大自然的一部分，在享受大自然馈赠的同时，还要经历各种自然界的灾难。

1976年7月28日3时42分，河北唐山发生7.8级大地震，造成24万余人死亡，16万余人受伤（截至1978年11月22日）。

2008年5月12日14时28分04秒，四川汶川发生8.0级地震，造成69227人遇难，374643人受伤，17923人失踪（截至2008年9月18日12时）。

在大自然面前，每一个生命似乎都变得渺小，不可控因素造成的生命消逝随时都在发生。依然享受着生命美好的我们，因为活着，有幸走遍山川江河，有幸看遍世间美景，沐浴亲情、友情、爱情的春风，品味生活的酸甜苦辣。我们是不是应该学会感恩与珍惜呢？

【心灵万花筒】

1. 人生八宝箱①

（1）将一张A4纸对折三次，将纸打开形成八个格子，将这张纸想象成人生的八宝箱。

（2）思考自己的人生当中，最重要的八样东西，"装入"八宝箱（写在相应的格子里）。

（3）想象：沿着人生的长河，带着人生的八宝箱，我们乘着小船出发了，一路上风波不断。

第一次，我们的船超重了，需要打开八宝箱，选择其中一样东西丢进河里。

第二次，狂风暴雨袭来，需要扔掉另外一样宝贝以渡过难关。

第三次，前方出现暗礁，需要再次做出选择。

第四次，风波接踵而来，我们不得不再次做出选择。

经过四次选择后，终于暂时风平浪静，可以缓下来休息一会儿，看看手中的八宝箱，还剩下哪几样宝贝？转眼间，乌云密布，暴风雨又来了，这时候又要再次丢掉手中的一样宝贝。

① 袁章奎.中学班级心理团体活动142：为学生创造积极的心灵成长体验[M].北京：中国轻工业出版社，2018.

最后，曙光终于出现了，经历了五次选择之后，我们可以到岸上好好休息了。

(4)思考：这次航行中，我都丢掉了哪些宝贝？丢掉这些宝贝会对我的人生带来什么影响？最后留下的是哪三样宝贝？留下它们的原因是什么？

2. 生命倒计时[①]

请你以60岁、70岁、80岁、90岁作为生命的长度分别计算一生共有多少天？多少小时？把数字写在纸上。

计算自己已经度过了多少天，多少小时，可能还剩下多少时间。

计算完以后，思考这些数字对于自己而言有什么样的意义。

第二节　关于死亡

【案例启迪】

小萍是某高中一年级的学生，一天，她忽然收到一个让她震惊不已的消息：她的初中同学小理在家自杀了。这一消息让她非常难过、心痛与困惑。

在她的印象中，坐自己前桌的小理是个非常真诚、踏实、认真的男生，初中阶段，他们经常一起探讨学习上的难题，两个人都是班里公认的学习标兵。

初三那年，由于学业繁重以及中考的压力，小理很不在状态，成绩下滑了很多，他自己感到非常着急。小萍作为好朋友，虽然很想帮他疏解，但又不知该如何是好。一天，小理在放学出校门时，恰巧目睹了一起车祸，一名放学回家的同学刚出校门便被一辆面包车撞倒在地，失去了生命。这件事情给小理带来了很大的心理刺激，他在和小萍谈及此事的时候，不停地用手拍自己的头，表情非常痛苦，他为一个生命的意外逝去感到惋惜。更让人费解的是小理总觉得自己好像该对那名同学的不幸离世负某种责任。从那以后，小理的表现越来越异常，他有时候会用头去撞墙，经常和周围的同学说自己太累了，初三的学业没有完成，他便选择了休学回家，中考也没有参加。打那之后，小萍便与他失去了联系，直到她从其他同学那里得知他自杀的消息。

① 吴少怡.大学生团体辅导与团体训练[M].济南：山东大学出版社，2010.

【指点迷津】

案例中的小理，为什么会选择用自杀的方式结束自己的生命，我们不得而知。也许是那一次意外事件给他造成了严重的心理上的刺激；抑或是他不堪学业方面的压力，心情抑郁，无从排解才选择了结束自己的生命。一个年轻、鲜活的生命就这样消逝了，确实让很多人都叹息不已。父母含辛茹苦抚养他成长，他的离开将带给父母怎样的打击，可想而知。

人的一生，总会经历这样或那样的挫折与低谷，这些不顺利往往是考验一个人心理韧性的试金石。生命的存在，无论多么艰难，都尚有各种美好的可能，但死亡，却无情地将所有的可能性都化为乌有。只有生命存在，才可能创造出无限的价值。

【知识链接】

当前社会的物质生活水平在不断提高，但人们心理问题的发生率却呈逐年上升的趋势，“空心人”越来越多。

“空心人”一般具有以下特点：

(1)情绪低落、兴趣减退；

(2)强烈的孤独感和无意义感；

(3)缺乏支撑内心的价值体系；

(4)有自杀意念。

他们往往无法回答这几个问题：

(1)我是谁？

(2)我要成为什么样的人？

(3)我的存在有什么样的意义？

调查数据显示，全世界每年自杀死亡的人数为60万～70万。其中，中国每年至少有25万人死于自杀，200万人自杀未遂，即平均每2分钟就有一人死于自杀，8人自杀未遂。自杀已经成为中国死亡原因中排序第五的原因；15～34岁的青壮年中，自杀已成为首位死因，且自杀现象有明显低龄化的趋势。

在死亡率不断攀升的同时，社会上还存在着另外一种相反的现象。目前国内缺乏科学系统的死亡教育，中国的传统文化避讳谈及死亡以及与之相关的话题，这便导致了很多人惧怕死亡，无法面对亲友的离世。尤其是突发性的死亡事件，对于很多人来讲，是一件压力性的心理应激事件。科学地认识死亡，坦然接受和面对生命的消逝，一方面能够减少死亡事件可能带来的心理应激障碍，另一方面还能够让人重新审视生命的意义，更加积极、乐观地面对生活。

一、认识死亡

（一）生命的有限与无限

每个人都要经历从呱呱坠地来到这个世界上到死去这个生命过程。在生命中，我们都将经历亲情、友情、爱情的美好，但也无可避免地遇到挫折、病痛与离别，最终走向死亡。

生命是有限的，对于一个80岁去世的人来说，他的生命约是29200天，700800个小时。当我们用数字来定义生命的时候，会发现，生命其实非常短暂。

在这看似有限的生命历程中，每个人又能够通过学习、工作、社交等方式发挥自身的主观能动性，积极拓展生命的宽度，提升生命的价值。从这一角度看，生命似乎又不该用有限的数字来进行诠释与衡量。

（二）理解死亡

《辞海》中说：死亡是生命活动的终了。人和高等动物可因生理性衰老而自然死亡，或因机械的、化学的或其他因素而意外死亡，但大多数是各种疾病而导致的病理性死亡。

死亡是一瞬间的事吗？迪士尼电影《寻梦环游记》认为：人的一生，要死去三次。

（1）医院宣布死亡，这是生理上的死亡。

（2）葬礼的举行，这是社会层面上的死亡。

（3）世界上最后一个记得你的人死去，至此，才是真正的死亡。

二、面对死亡

生命有开始，就有结束。正是因为生命有限，所以才更应珍惜；正是因为每个人最终都会死去，所以更应热爱生活。

（一）摆正心态

生命的结束是自然界再平常不过的现象，它意味着过往记忆的完结、生前功名利禄的消逝。面对死亡，首先应该调整心态，认识到这是每个生命终将面临的结局，逃避、恐惧都只能徒增烦恼。

（二）珍视当下

虽然死亡终将到来，但我们还可以通过珍惜当下来减少临终前的遗憾。保持健康的作息、定期锻炼、合理饮食，这些好习惯能够让我们在有生之年享受更加高质量的生活。再有，要认识到我们所经历的每一分、每一秒都是生命中最年轻的时刻，这些分分秒秒稍纵即逝，不可重来，所以要学会珍惜和热爱生活，哪怕是那些让我们体验到痛苦与挫折的瞬间。

（三）坚强独立

过度依赖会造成对未来生活的恐慌与迷茫，当不可预知的事件降临时，精神世界极易面临崩塌的危险。反之，保持坚强、独立的习惯，在面对突发事件时，能让我们更有力量感。

（四）寻求心理支持

面对死亡，要学会寻求心理支持，他人的支持能够帮助我们获得更多的心理力量。因亲友离世感到内心痛苦时，学会向人倾诉，这是很好的排解内心痛苦的方式。

三、临终关怀

（一）临终前的心理特点

大部分人临终前会经历相似的心理历程。

1. 否认期

从内心深处无法接受死亡即将到来的现实，会抱着侥幸心理反复向医生求证。否认指人通过扭曲与创伤相关的想法、情感等来逃避心理上的痛苦，或将不愉快的事件“否定”，当它根本没有发生，以此来获得暂时的心理安慰。

2. 愤怒期

怨天尤人，产生愤怒、烦躁、嫉妒等负性情绪，并常常迁怒于身边人。

3. 交涉期

开始接受现实，在生命最后的时间里给自己制订计划，如实现一桩心愿、兑现一个自我承诺等。

4. 抑郁期

当内心的压力积聚到一定程度时，便会产生抑郁情绪，开始对未来感到悲伤、失落与焦虑，甚至是绝望。

5. 接受期

完全接受即将死亡的现实，表现出平静、坦然的心态，不再愤怒、抱怨，开始喜欢独处，睡眠增加，情绪情感强度降低。

(二)临终关怀及心理调适

当人得知死亡临近时，内心或多或少都会产生恐惧、焦虑等负性情绪，如何给予对方必要的心理关怀，陪伴对方安详、有尊严地走完生命最后的旅程？面对亲友即将离世，容易产生担忧、焦虑等情绪，该如何调适？

1. 如何开展临终关怀

临终关怀虽不能治愈疾病或减轻病痛，却能够给予对方心理上的支持，帮助他们缓解焦虑与恐惧的情绪。

临终关怀应针对每个阶段的不同心理特点展开，如对处于愤怒期的人，应给予更多的关怀与理解，对其暴躁的情绪及行为多包容，而不是同样用愤怒的方式予以回馈，还可以通过与其谈论以往生活中的美好细节以及陪伴其进行适当的户外活动等来转移其注意力。对处于抑郁期的人，应多给予鼓励与支持，引导其在有限的生命历程中，充实地过好每一天。

2. 面对他人离世，如何进行心理调适

离世前：

(1)好好珍惜尚能共同相处的时间，多关怀、陪伴对方；

(2)尽力帮助对方去完成心愿；

(3)多与其谈论过往生活中共同经历的事情。

离世后：

(1)尽情宣泄悲伤、痛苦的情绪，不刻意压抑情绪；

(2)多与亲近的人谈论与逝者共同经历的事情以及过往的美好回忆；

(3)定期去祭奠逝者，通过这样的仪式来表达哀悼之情。

【心灵万花筒】

读一读

我们至今还没有学会如何谢幕

中国各大城市在陆续发布幸福指数。但这些发布都忽略了一个事实:“死亡质量”也是幸福指数的有机组成部分。

经济学人智库对全球80个国家和地区进行调查后,发布了2015年度死亡质量指数报告:英国位居全球第1,中国排名第71。科技发展到今天,医生有时面对的最大的问题不是病人如何活下去,而是如何死去。

不得“好死”——这可能是现在最被我们忽略的幸福难题。

1999年,巴金先生病重入院。一番抢救后,终于保住生命。但鼻子里从此插上了胃管。进食通过胃管,一天分6次打入胃里。胃管至少两个月就得换一次,长长的管子从鼻子里直通到胃,每次换管子时他都被呛得满脸通红。长期插管,嘴合不拢,巴金下巴脱了臼。只好把气管切开,用呼吸机维持呼吸。巴金想放弃这种生不如死的治疗,可是他没有了选择的权利,因为家属和领导都不同意。每一个爱他的人都希望他活下去,哪怕是昏迷着,哪怕是靠呼吸机,只要机器上显示还有心跳就好。就这样,巴金在病床上煎熬了整整六年。他说:“长寿是对我的折磨。”

2011年,美国南加州大学副教授穆尤睿发表了一篇轰动美国的文章——《医生选择如何离开人间?和我们普通人不一样,但那才是我们应该选择的方式》。穆尤睿说,几年前,我的导师查理,经手术探查证实患了胰腺癌。负责给他做手术的医生是美国顶级专家,但查理却丝毫不为之所动。他第二天就出院了,再没迈进医院一步。他用最少的药物和治疗来控制病情,然后将精力放在了享受最后的时光上,余下的日子过得非常快乐。穆尤睿发现,其实不只是查理,很多美国医生遭遇绝症后都做出了这样的选择。“医生们不遗余力地挽救病人的生命,可是当医生自己身患绝症时,他们选择的不是最昂贵的药和最先进的手术,而是选择了最少的治疗。”他们在人生最后关头,都选择了生活品质。

当我们不可避免要走向死亡时,是珍惜最后的生命时光追求死亡的质量,还是用机器来维持毫无质量的生命状态呢?

第七章

我学习　我快乐
——学习指导

【写在前面】

浩渺宇宙、大千世界有许多未知领域等着我们去探索和发现，而学习就是一把万能的钥匙，为我们打开一扇扇新奇的大门，带我们看到更为广袤精彩的世界。学习是人生旅途的灯塔。在成长的路上，总是面临许多的困惑和迷茫，不知下一步该何去何从，我们通过学习来汲取前人的经验，感悟人生的哲理与智慧，接受新知识并不断修正错误认知，从容不迫地选择正确的人生方向和前进道路。“立身以立学为先，立学以读书为本。”学习是校正世界观、人生观和价值观的镜子，热爱学习、善于学习、终身学习才能让我们真正认识自己，从而发现、反思并纠正自己思想和行动上的偏差。

德国著名作家歌德曾说，人不光是靠他生来就拥有的一切，而是靠他从学习中所得到的一切来造就自己。同学们，让我们热爱学习、快乐学习，与学习为友、与知识为伴，成就更加智慧的人生吧！

第一节　时间管理

【案例启迪】

珊珊是学生会干部。一天下午她正在复习期末考试的内容，其他同学过来说：“我们开会讨论一下考试结束后的部门总结会吧。”珊珊觉得可以开完会再继续复习，就去开会了。等开完会重新坐下来复习的时候，她就在回想：这道题该怎么做来着？思路已经完全被打断。想到一半，外出开会的辅导员又打来电话：“把获奖同学的材料复印一下给我。”珊珊又赶快跑到办公室去给老师复印材料。这样忙忙碌碌，直到下自习课也没有把当天既定的内容复习完，只能等晚上大家都休息了，再挑灯夜战。

阿敏学习过时间管理。一天下午她正在复习期末考试的内容，其他同学过来说：“我们开会讨论一下考试结束后的部门总结会吧。”阿敏说：“我下周要参加期末考试，今天的内容必须复习完。我大概还有一个小时可以完成，我们可以一个小时以后再来讨论吗？你们可以把要讨论的议题和建议列出来，到时候我们节约讨论时间。”大多数会议都没有紧急到一个小时都不能协调，其他同学也就同意了。阿敏继续复习，外出开会的辅导员又打来电话：“把获奖同学的材料复印一下给我。”阿敏问：“什么时候要？”辅导员说：“明天下午评审奖学金要用。”阿敏说：“好的，明天您上班前给您送过去。”然后在待办事项上记录下这个任务，继续复习。一个小时后，阿敏基本完成了既定内容的复习，也跟其他同学开了会，顺便还复印了资料，这时离下自习课还有十五分钟，她从容地把考试重点又快速浏览了一遍。

【指点迷津】

看完两个案例，你有什么感受呢？如果对号入座，你是她们中哪一个？

时间是最公平的，一天24小时，不会因人而异。但是每个人在这24个小时中所完成的工作数量和质量却千差万别。郭沫若说，时间就是生命，时间就是速度，时间就是气力。因此，充分利用好时间，高效率完成任务，是我们每一个人需要具备的能力和素养。

【知识链接】

一、什么是时间管理

时间管理是指通过事先规划和运用一定的技巧、方法与工具实现对时间的灵活以及有效运用，从而实现个人或组织的既定目标。时间管理方法并不是要把所有事情做完，而是更有效地运用时间。简单来说，时间管理就是要在最短或者规定的时间内，把事情做好。

时间管理的发展经历了四个阶段：第一阶段强调单纯延长工作时间和建立备忘录；第二阶段要求任务开始前建立清单，标注各项活动完成时间；第三阶段依据任务的重要性和紧急程度来进行排序，以追求效率；第四阶段强调价值导向、目标导向和结果导向。

二、时间管理的方法

大家有没有思考过，我们的时间是如何浪费的。做事目标不明确、缺乏优先顺序、作风拖拉、不懂得拒绝别人、简单事情复杂化、不会授权等都会拉低我们学习和工作的效率，白白浪费时间还一事无成。这个时候，我们就需要掌握时间管理方法，做好时间管理。

（一）六点优先工作法

六点优先工作法由效率大师艾维·李提出，其核心思想是把每天的任务逐一列出，然后从中挑出六件必须当天完成的，并按其重要性分别从"1"到"6"标出。接下来，全力以赴完成标号为"1"的事情之后，再全力以赴完成"2"号任务，以此类推直至完成全部工作。

艾维·李认为，一般情况下，如果每天都能全力以赴完成六件最重要的事，那么他一定是一位高效率人士。试想，你的每一天、每一小时、每一分钟都在做最重要的事情，其带来的效率和成就感是无可比拟的。

六点优先工作法具体实施步骤为：

（1）每天晚上静静地思考第二天需要做的全部事情，按任务的性质、重要性和紧急程度进行先后排序；

（2）将任务按照优先级从高到低排序，用1~6标出最重要的六件事；

（3）梳理任务时，可以将周期长、难度大的任务进行分解，化整为零，一点一点解决；

（4）确定好任务之后，要坚定地执行，每天全力以赴完成标号为1的任务，然后全力以赴完成2号任务，以此类推。

运用六点优先工作法时，切记要量力而行，根据自身能力适当安排任务，并跟拖延做斗争，务必保质保量、高效完成既定任务目标。

（二）时间管理四象限法则

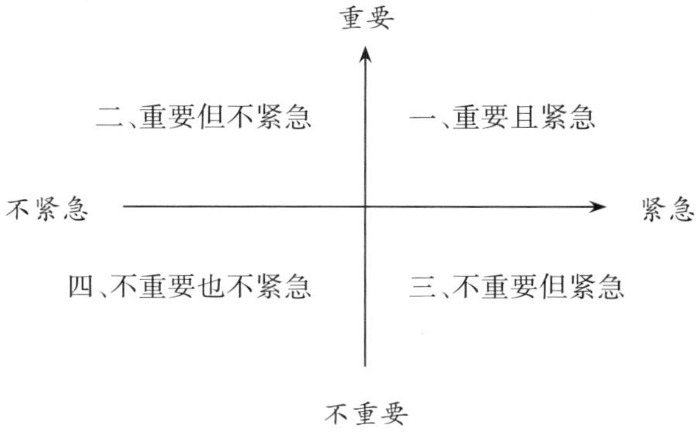

时间管理四象限

时间管理领域最著名、最常用的方法莫过于“四象限法则”。该法则提出人斯蒂芬·科维用重要性和紧急程度两个维度把任务分成四类：重要且紧急、重要但不紧急、不重要但紧急和不重要也不紧急。那么，对待这四类工作，该采取什么方法，该花费多少时间，就是我们重点思考和解决的问题。

类型	方法	正确的时间分配
第一象限：重要且紧急	立刻去做	20%～25%
第二象限：重要但不紧急	有计划地做	65%～80%
第三象限：不重要但紧急	授权给他人去做	15%
第四象限：不重要也不紧急	适当做或尽量不做	＜1%

人们通常被第一象限的事务纠缠，工作中的绝大部分压力也来自于此，但是这部分的工作很多是因为第二象限的工作没做好，转化到了第一象限。因此，高效率人士应当把大部分时间用在第二象限“重要但不紧急”的事情上，因为处于这个象限的事情虽然不紧急，但一般是战略性、全局性、具有重大影响的事情，所以花时间和精力投入这部分的工作，有利于做好整体规划，使任务完成得有条不紊，避免让工作任务偷偷“溜”到第一象限。

第三象限“不重要但紧急”的工作，往往是我们盲目忙碌的源泉，正是这些看似紧急，实际却不重要的事情打乱了我们的节奏。因此，这部分事务要学会授权给他人帮助你完成，或者委婉地拒绝。

人们疲惫、倦累的时候，需要到第四象限去放松一下，重新出发。这一象限“不重要也不紧急”的事情通常是一些娱乐休闲活动，但人们不应当沉溺于看泡沫剧、阅读无聊的网络小说、聊办公室八卦等让人上瘾又毫无意义的活动中，而应当学会高效而有意义地放松和休闲，比如运动、阅读经典、培养积极的兴趣爱好等。

（三）番茄工作法

番茄工作法是由弗朗西斯科·西里洛（Francesco Cirillo）创立的一种简单易行的时间管理方法，主要强调在固定的一段时间内全身心投入完成一项任务，然后稍事休息，再在下一段固定时长中完成任务。该方法简单但高效，适用于那些无法集中注意力和精力的学生。

1. 番茄工作法的原则

（1）一个番茄时间为“25分钟工作+5分钟休息”，不可以分割，即不存在半个或者一个半的番茄时间。

（2）不要在番茄时间内做与任务无关的事情。

(3)不必在非工作时间内使用番茄工作法,如用两个番茄时间做一顿饭,用四个番茄时间与朋友打一场游戏等。

(4)必须有一份安排合理、适合自己的任务安排表。

2.番茄工作法的步骤

(1)提前规划好今天要完成的任务,并且按照重要性排出先后顺序,列一个任务清单。

(2)设定番茄钟(25分钟),可以是闹钟、相关软件等。

(3)全身心投入任务中去。

(4)第一个番茄钟时间到,立马停止工作,休息5分钟。

(5)开始第二个番茄钟,如此循环,直到完成该任务,然后在任务清单中将其划掉。

(6)每四个番茄钟之后可以休息较长的一段时间,20~25分钟。

(7)如果在一个番茄钟之内有意外事件打扰,要分情况处理:对于重要而紧急的事情,则将这个番茄钟作废,待处理完突发事件之后再重新开始一个番茄钟;对于不太重要和紧急的事情,可以将该任务列在待办事项列表中,接着继续完成当前的番茄钟。

【心灵万花筒】

时间管理小工具

1. 日程手账本

可以准备一个专门的笔记本,每一页为一天的任务清单,标注好日期,方便以后查找。在每一页都画一个表格,包括任务内容、完成时段、完成地点、完成效果等内容,然后将学习任务填进去,每完成一项就用横线划掉它,会让你有非常大的成就感。而这样将每天的任务记录下来,汇集成册,也方便回溯过往、不断总结、及时调整。

现在也有专门的时间管理日程本,里面已经列好了表格,可以根据自己的情况来挑选适合自己的那一款。

2. 时间管理App

随着手机和网络的普及,大家越来越喜欢用手机来帮助自己完成学习和工作任务。手机自带的闹钟、日历、记事本等功能,这些都可以成为时间管理的工具。此外,还有很多专业的时间管理、效率管理类的App,功能都非常强大,且集合度高,同学们可以在应用市场中搜索,多试用几个,找到最适合自己的。

(1)滴答清单

这款App集计划表、备忘录、日程清单、笔记、便签、闹钟、日历、番茄钟、在线协作等多种实用功能于一体，便于制订学习计划、设置任务提醒、安排行程规划。支持多平台同步、语音快速输入、智能识别分类、全面统计回顾等功能，使大家保持精力专注，是管理时间、高效学习、习惯养成的得力助手。

(2)番茄ToDo

这款App主要用来实施番茄工作法，界面简洁流畅，可以自定义内容。添加番茄钟时，可以根据任务难度设定时间，范围为5～180分钟，还可以自定义休息时间。番茄钟开启后，中途只能被暂停一次，且只有3分钟，否则这个番茄钟将被作废，一个番茄钟时间到后会有音乐提示。番茄ToDo还增加了学霸模式，一旦开启该模式并计时，手机将不能打开第三方App(微信、微博等)，特别适合期末复习、备考拖延的情况。

(3)Forest

Forest——专注森林，是一个帮助大家暂时放下手机，专心于目前工作的效率软件。当你想要专注一件事情时就设定好完成的时间，开启定时功能，此时界面就会开始为你种一棵树，在种植的过程中，如果在没开启手机工作模式的情况下，离开了界面几秒后，会直接导致树木的枯死。每完成一件既定任务，就能种出一棵树，积少成多会变成一片茂密的森林。可以选择单人种植，也可选择多人种植，互相督促。

第二节　目标管理

【案例启迪】

小胡是一位中职学校的毕业生，经过十多年的打拼，现在已经是当地一家颇具影响力的家具公司的总经理，年销售额突破一亿元。记者采访她时问道：您的成功秘诀是什么？小胡坚定地回答：学习。

小胡从小就有一个当企业家的梦想，并且为了这个目标不断努力。在学校时，通过参加体育活动锻炼自己的身体素质和意志力，参加演讲比赛训练自己的口才，到图书馆勤工俭学，阅读大量书籍充实自己、开阔眼界。小胡深知一个优秀的领导者需有深厚的文化底蕴，于是中职毕业之后通过自学考试成功进入大学学习。小胡曾经英语不好，工作之后深感英语的重要性，督促自己不断学习，现在可以用流利的英语进行商务洽谈。

【指点迷津】

小胡的经历告诉我们,成功的第一步必须要有明确的目标。小胡为了成为一名优秀的管理者,从学生时代就开始积极做准备,通过各种活动有针对性地训练和提升自己的能力。这其实就是把一个大的目标分解为一个个小的目标,然后逐个完成,最终实现了自己当企业家的梦想。

由此可见,确定正确的目标,并合理分解目标对于一个人的成长是多么重要。

【知识链接】

一、什么是目标管理

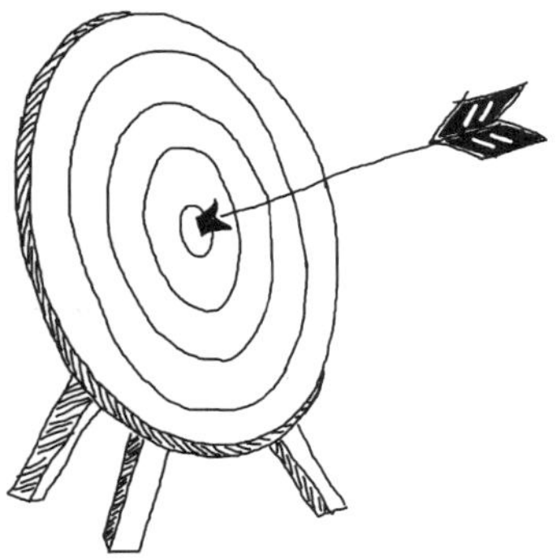

目标是对活动预期结果的主观设想。中国古代就有"有志者事竟成"的说法,说明目标、志向在人的奋斗中起着至关重要的作用。

目标管理由著名管理大师彼得·德鲁克(Peter F. Drucker)提出,其核心思想就是将组织内庞杂的事务分解为一个个目标,管理者通过目标的完成情况对下级进行绩效考评及奖惩。目标管理的功能在于指明前进方向、凝聚人心、激励奋斗。

二、目标管理的原则

目标管理对于每个人的成长成才有着至关重要的作用和意义,那么,我们如何来确定正确而高效的目标呢?这里介绍彼得·德鲁克提出的目标管理"SMART原则",让大家了解如何树立正确的目标。

目标设定SMART原则

- **S** 代表Specific 指目标一定要清晰明确
- **M** 代表Measurable 指目标一定要可以衡量
- **A** 代表Attainable 指目标一定要可以实现
- **R** 代表Relevant 指目标一定要具有相关性
- **T** 代表Time-bound 指目标一定要有时间期限

1.Specific——明确性

设定目标的首要原则即明确。要用详细具体、清晰明确的语言叙述目标，尤其涉及程度、效果等意思时，尽量用具体的数值表示，避免使用“多次”“尽量”“反复”等模糊的词汇。

如：

【模糊的目标】下学期我要好好学习，提高数学成绩。

【清晰的目标】下学期我要好好学习，将数学成绩提高10%。

【模糊的目标】老师布置的作业要尽快完成。

【清晰的目标】老师布置的作业要在当天晚上10点前完成。

2.Measurable——可衡量性

可衡量性除了要求目标是清晰明确的之外，还要求目标的完成进度是可以追踪和考核的。比如，很多同学的目标是成为一个伟大的人，但是伟大的定义非常多元，而且模糊，导致你在奋斗的过程中不知道离“伟大的人”还有多少差距，也无法准确衡量自己付出的努力是否对实现目标有效果，那么这就是一个无效的目标。

3.Attainable——可实现

有效的目标一定要切合实际，不可脱离现实，否则毫无意义，也不可高不可及，否则打击信心和热情，更不可轻易实现，否则助长盲目自信。比如，有同学说要给长城贴瓷砖、给所有苍蝇戴手套，这可能是开玩笑的说法，但是大家之所以觉得可笑也是因为这些目标既无意义又无法实现。又比如说，有同学的目标是新的一年要读一页书，这样的目标实现起来太过容易且没有意义。切记，我们不是为了定目标而定目标，所以在制订目标的时候一定要切合实际且难度适当。

4.Relevant——相关性

相关性指在设定目标时，一定要与自己的身份、任务相关联。比如，学生的主要任务是学习，那这个阶段的目标就要围绕学习来制订，且目标之间要有相关性，一个目标的达成可以促进另一个目标的实现。

5.Time-bound——时间期限

目标分为短期目标、中期目标和长期目标，但不管是什么类型的目标，都要有一个时间期限。比如一个高一学生的短期目标是在一周内做完五份数学试卷，并且准确率达到80%；中期目标是努力学习，在本学期期末考试中进入班级前十名；长期目标是通过三年的学习，在高考中顺利考取“双一流”大学的理工类专业。只有给目标设定期限，才能更好地实施，并且及时考核和整改。

三、目标管理的实施

目标管理的全过程分为目标的设定、目标的实施以及目标的考核。

前面我们已经讲过目标设定的原则，那么接下来就要按照既定目标不折不扣地实施，在实施过程中也要定期进行检查和反思，以保证进度和质量。尤其要注意的是，当目标完成之后，要进行效果评估与总结，将结果与之前设定的目标一一比对，检查是否达到预期效果。然后及时总结目标实施过程中的成功方法与问题错误，为以后的目标管理工作积累有益经验。

【心灵万花筒】

读一读

彼得·德鲁克——全力以赴，追求完美

受家庭环境熏陶，彼得·德鲁克酷爱歌剧。在他18岁时，彼得·德鲁克在汉堡歌剧院观看了意大利著名作曲家威尔第的歌剧《福斯塔夫》，他被生动的剧情、精妙的音乐所折服，对威尔第也产生了深深的敬佩之情。在了解威尔第的背景资料时，德鲁克惊奇地发现，这样一部充满热情、活力四射的歌剧竟然是威尔第在80岁时所创作的。威尔第曾被问道："你被认为是19世纪最重要的歌剧作曲家之一，在如此高龄还要从事创作歌剧这样的艰巨工作，是否对自己要求太高了？"威尔第回答说："我的一生就是作为音乐家为完美而奋斗的一生。但完美总是躲着我，我一直无法逃避追求完美这一使命。"

威尔第的话给年轻的彼得·德鲁克带来极大震撼，让他下定决心像威尔第一样，毕生追求完美。在长达60多年的职业生涯中，德鲁克出版了39本书，传播到130多个国家，在他生命的最后十年还编写出版了10本著作。德鲁克在《哈佛商业评论》上发表论文30余篇，并且有6篇获得了麦肯锡最佳论文奖，是获得这一奖项的最高纪录保持者。

正是有着不断追求完美的信念和行动，彼得·德鲁克才会取得如此骄人的成就，被称为"现代管理学之父"。当有人问：您认为自己最满意的是哪一本书？德鲁克总是微笑着回答：下一本。

第三节　学会学习

【案例启迪】

大禹治水的神话故事家喻户晓。传说三皇五帝时期，黄河泛滥、淹没良田、冲毁房屋，百姓流离失所、苦不堪言。当时治水的方法以“堵”为主，但是始终不见成效。大禹领命治水之后，思路由“堵”变为“疏”，他把山山水水当作一个整体来治理，先治理九州的土地和山川，为的就是疏通水道，使得水能够顺利往下流去，山路治理好了以后，他就开始理通水脉。历经13年，终于将往日凶险的黄河水道疏通，使得河流沿线沃野千里，人民安居乐业。

【指点迷津】

同学们一定都被大禹治水三过家门而不入的奉献精神所感动，现在了解他的治水之法之后，又有什么新的感悟呢？没错，那就是万事要讲求方法，只有方法用对了，才能事半功倍，圆满完成任务。

高尔基曾说，学习并不等于模仿某些东西，而是掌握技巧和方法。我国古代也有“授之以鱼，不如授之以渔”的名言，正是说明了掌握正确方法的重要性。同样地，作为中学生，我们要在日常的学习中不断寻找和摸索科学的、适合自己的学习方法，只有这样才能真正做到融会贯通、学有所成。考试成绩只是一时的，而掌握的学习和思考方法却会陪伴我们一生，在生活和工作中带给我们无限启发，使我们受益良多。

【知识链接】

一、中职生学习特点

中职生相较于普通高中学生来讲，有其独有的特点，比如思想活跃、独立意识强、社会化倾向明显等，但也存在遵守纪律观念弱、艰苦奋斗意识差等缺点。

在学习方面的特点则突出表现为学习目标不明确，缺乏学习兴趣，基础比较薄弱，主动性、自制力差，缺乏良好的学习习惯和学习方法等。

二、中职生学习动机的激发

学习动机按照来源可分为内部动机和外部动机：内部动机就是学生自己的好奇心和求知欲，是相对稳定的部分；外部动机则来自老师表扬、家长赞许、社会肯定等。根据唯物辩证法，内因是事物发展的根据，外因通过内因起作用，因此中职生需加强内功修炼，主动激发自身学习动机。

（一）对世界充满好奇

好奇心和求知欲是我们激发学习动机的起点和源泉。伟大的科学家爱因斯坦说："我没有特别的天才，只有强烈的好奇心。"永远保持好奇心的人是永远进步的人。可见，好奇心对于一个人的成长与进步是多么重要。同学们在平时的学习和生活中，要注意观察，尤其是一些细节，遇到问题要多问几个为什么，不要怕麻烦，要主动去发现、去探索。当然，这里讲的好奇心和求知欲主要体现在学习科学文化知识、掌握专业技能上。中职生由于年纪较小、认识不够，很容易被社会上一些新鲜但不良的事物迷惑，这个时候千万要保持清醒，多向老师请教，切不可因为一时"好奇"而误入歧途。

（二）明确目标，做好规划

中职生缺乏学习动机，多半是因为没有明确的人生目标和合理规划。中职生首先要自尊自爱，不要被"差生"等标签所左右。要正确认识自己选择的道路，切记劳动光荣、双手万能，践行工匠精神，争当技术能手。始终坚信，在职业教育的道路上，我们依旧可以出人头地，实现人生理想和社会价值。

明确自己的目标之后，就要做好规划，踏踏实实、一步一步去实现。同学们可以参考本章第二节目标管理的相关内容，统筹规划、科学实施，顺利实现自己的目标和理想。

（三）从小事做起

同学们在学习和生活中很容易眼高手低，树立了宏大的理想目标，却看不起眼前的点滴小事。殊不知，再高的楼也要一砖一瓦构筑，再长的河也要涓涓细流汇聚，凡事都需积少成多、聚沙成塔。

中职生学习基础普遍薄弱，接触到新的课程时经常听不懂、学不会，然后就立马放弃，严重挫伤学习积极性。因此，同学们从做好一道基础题、默写对一个单词这些小事入手，既可以夯实基础，又可以获得成就感和满足感，从而激发学习的兴趣和动机。

三、中职生学习方法

（一）预习方法

课前预习可以帮助同学们提前熟悉课程内容，对学习内容做到心中有数，标注自己不懂的地方，这样在老师讲授时才能做到有针对性地听讲，提升听课效率。

1. 合理安排

预习可以分为课前预习、章节预习、阶段预习。每晚将当天的作业完成之后，根据第二天的课表进行课前预习；在老师将本章节内容快讲完的时候，可以快速浏览熟悉下一章节的内容，明白本课程前后的逻辑关系；在寒暑假时，可以提前预习下学期学习内容，做到心中有数。但要注意，不同类型的预习要注意方法，课前预习务必认真仔细，章节预习和阶段预习以快速浏览为主，做到心中有数即可。

2. 有侧重点

预习不等同于自学，不必搞清楚所有知识点，而是要将不懂的知识点标记出来，这样在老师讲解时才能有针对性地听讲。另外，不同性质的科目，预习的侧重点也不同。比如文科类科目在预习时要把重点放在生僻字词、感悟主旨情感等，理科类的科目则要把重点放在公式推导、原理定义上。

3. 做好标记

在预习过程中，同学们可以准备不同颜色的笔，将重点、难点和疑点分别标注，这样做到一目了然，有利于同学们在听课时快速识别重难点。

（二）听课方法

1. 集中精神

上课的关键在于集中精神，认真听讲。思路始终要跟随老师，对比自己在预习时梳理的重难点，看老师是怎么分析和讲解，采用了什么方法和技巧。

2. 积极思考

光听不思等于白听。上课时要将老师讲授的内容入耳、入脑、入心。当听到的内容与自己预习的成果一致时，说明你正确理解了这个知识点；当老师讲解的内容与你的想法不一致时，就要去思考为什么会有出入，将这个知识点记住，当堂或者下课后询问老师，这样才能真正地学懂弄通。

3.做好笔记

俗话说，好记性不如烂笔头。记课堂笔记有利于进一步梳理知识点，方便之后随时翻看和复习。但要注意的是，有些同学上课不认真听讲，一味地埋头记笔记，这是非常不合理的行为，课堂还是要以听讲为主，笔记只需挑重点来记。有时候时间来不及，可以用自己看得懂的符号、语言来速记，课后再认真整理。切不可捡了芝麻，丢了西瓜。

(三)复习方法

1.重复记忆

根据艾宾浩斯遗忘曲线理论，遗忘在学习之后立即开始，遗忘速度呈先快后慢的规律。因此，不断复习、重复记忆就显得尤为重要。对于语文课文、英语单词、历史事件、政治概念等需要记背的内容，可以根据内容进行分类，制作成一个一个清单，随身携带，充分利用一些碎片时间来记忆。

2.做好作业

作业是巩固课堂内容，加深知识理解的有效途径，同学们必须正确认识课后作业的重要性。写作业之前，先复习当天所学内容，把概念、方法学懂弄通。写作业时务必全神贯注，认真审题、书写规范。作业完成之后还要仔细检查，不断反思，做到触类旁通、举一反三。

3.重视积累

同学们应当准备两个本子：一个好题本，用来将平时看到的好题、典型例题记录下来，积少成多，建立起属于自己的例题库；另外一个本子是错题本，用来记录每次作业和考试中做错的题目，务必将正确的解题方法写清楚，经常翻看错题本，尤其在考试前重点看好题本和错题本，会有事半功倍的效果。

【心灵万花筒】

读一读

(1)读和写是学生最必要的两种学习方法，也是通向周围世界的两扇窗口。

——苏霍姆林斯基

(2)聪明出于勤奋，天才在于积累。

——华罗庚

(3)在自然科学中，创立方法，研究某种重要的实验条件，往往要比发现个别事实更有价值。

——巴甫洛夫

第八章

向左走　向右走
——职业规划

【写在前面】

中职生不同于同龄阶段的普通高中生，普通高中生学业压力大，面临高考的挑战，而中职生学业压力相对较小，但需要在几年的学习中积累知识和技能，为毕业后的就业或创业做好准备。在多方面因素的相互作用下，很多中职生在临近毕业时存在较为严重的就业焦虑心理，或对自己的前途感到迷茫和困惑。所以，中职生学会合理规划自己的职业生涯非常必要，这项工作甚至应该在进校之初就展开，为后续的学习和生活指明方向、确立目标。

第一节　自我职业分析

【案例启迪】

老师在小学课堂上问同学们，长大了想做什么。同学们纷纷举起了小手，跃跃欲试，脸上充满了自信的笑容回答道："我想当飞行员""我想当画家""我想当科学家""我想当歌唱家"……同学们一一勾勒出自己的愿景。愿望是非常美好的，但现实却不是这样的。想当科学家的孩子，长大了以后成了一名医生；想当画家的孩子，长大后成了一名公司职员；想当科学家的孩子，长大后成了一名教师……为什么会出现事与愿违的情况呢？

【指点迷津】

原来，一个人未来职业的选择不仅仅与兴趣爱好有关，也与性格、能力和经历有关。职业辅导之父帕森斯(Frank Parsons)曾提到，一个人在选择职业时，所需要的三个必备要素：第一是要清楚了解自身的工作兴趣、自身能力、对于工作的态度及欲望等自身特性；第二是要充分了解自身在未来岗位上的长处、优势或者能胜过其他竞争者的地方，同时也要了解自己的短板、劣势，也就是成功的条件和自身所需要弥补的缺失；第三是要使上述两者达到一种相对平衡的状态。如此综合各方条件和因素才能判断出什么类型的职业是比较适合自己的。所以中职生需要充分考虑各方面因素后，做出相对正确的选择。

帕森斯

【知识链接】

一、自我分析

1. 个人兴趣

择业的时候，选择自己比较喜欢的工作，对于我们个人身心健康和个人职业发展都有很大益处。倘若选择一份自己没有任何兴趣的工作，那么在工作中，必然不会有很多激情，更不会在工作中找到自我存在感，也不会在工作中有所成就，有所作为。更悲观的是，没有激情的工作，人就会越来越懒惰，甚至完全不想工作。

2. 性格特征

行业的选择与个人性格息息相关。偏文静性格的人适合做文员之类的工作，偏外向性格的人适合做销售之类的对外交流工作。

3. 职业价值观

“人各有志”这句成语实际上就是职业价值观与个人职业分析之间关联的体现。鉴于每个人的生长环境、家庭环境、学历、阅历、性格特征等方面的情况不同，每个人的职业价值观也是不同的。因而在选择职业时，不同种类的职业在不同人心目中的定位是不同的，最终选择也会有所不同。比如一个学生的家人都经商，他从小就被“从商之道”耳濡目染，也在很小的时候就展现出有这方面的天赋，同时也认为从商比从事其他职业更能满足内心的需求，那么他的职业价值观是偏向于商业化的，因此，最终他有很大可能性会经商。

4.自我优势

自我优势就是指自己相对于竞争对手来说的优势点，优势点可以从以下几个方面来体现。

第一，现有技能或知识。在中职学校就读期间，你学会了哪些知识、哪些技能，收获了怎样的成果，这是未来进入职场的敲门砖。同时能体现出在学习的过程中，你是否将学习的知识或者技能转化成了自己的内涵与智慧，是否具备就业的基本条件与能力。

第二，曾经的成就。在中职学校就读期间，你曾经担任的职务（如担任班委或学生干部）也是未来就业的基础。因为在履行自己的职务时，你获得了别人没有的经验与成就，通过长时间的累积，这些都将成为一个人的闪光点，当然也会为毕业后寻找合适的岗位提供很大帮助。

第三，缺点与不足。要善于总结自己的缺点与不足，并进行改进，把自我“短板”逐渐加长，最终克服。在选择职业时也要避免选择会暴露自身短处的工作。

二、行业分析与职业分析

第一，要了解职业分类，明白职业有哪些种类，有哪些具体的职位。什么职业是你感兴趣的，什么职业是你喜欢的。

第二，要了解行业特点以及发展前景，哪些是新兴行业，哪些是热门行业，哪些是朝阳行业，哪些是夕阳行业。

第三，要了解社会总体需求，具体需求和岗位要求，不同的工作岗位对人才的需求量和人才的素质要求是不同的，所以我们在求职之前要对自我能力进行分析，有针对性地求职。

第四，了解职位的具体薪资和工作环境是否符合自我内心要求，比如到达上班地点的交通是否便利，每天上下班的时长是否在自己能承受的范围之内；工资薪金与福利是否合理；是在办公室工作，还是在外跑业务，还是在工厂实训基地工作……这些都要提前进行了解，再做出决定。

【心灵万花筒】

读一读

价值观与职业选择

1. 价值观

价值观是基于人的一定的思维感官之上而做出的认知、理解、判断或抉择，也就是人认定事物、辨定是非的一种思维或价值取向，从而体现出(人、事、物)一定的价值或作用。

2. 职业价值观

职业价值观指人生目标和人生态度在职业选择方面的具体表现，也就是一个人对职业的认知和态度以及他对职业目标的追求和向往。

3. 职业

职业是指人类通过自身劳动最终获得相应报酬的一项工作。

职业的划分标准为社会分工，在分工体系的每一个环节上，劳动对象、劳动工具以及劳动的支出形式都各有各的属性，这种特殊性决定了各种职业之间的区别。

4. 职业选择

职业选择是指个人对于自己就业的种类、方向的挑选和确定。它是人们真正进入社会生活领域的重要行为，是人生的关键环节。

职业选择有利于人和劳动岗位的较好结合，使个人顺利进入社会劳动岗位，促进社会化的顺利进行与实现；也有利于取得经济利益、社会效益等多方面的共赢，促进人的全面发展。职业选择没有高低贵贱之分，要树立正确的职业观。

第二节　就业心理调适

【案例启迪】

肖先生刚毕业，准备去应聘工作，他虽满腹经纶但天生内向，一遇到大场面就紧张。每次面试，见到考官就舌头打结，说不出话来，大脑一片空白，什么都不知道。结果毕业后五个月的面试都屡战屡败，彻底击垮了他所有的自信心。于是他心灰意冷地赶上了回老家的火车，在火车上与旁人开始聊天，甚是投机，还讲述出了自己的故事与理想，高谈阔论，从国家的当前形势谈到未来发展。旁人觉得肖先生这个人的见解颇有见地，于是让肖先生到自己的公司上班。为什么在面试场上肖先生什么都说不出来，而在火车上他却能够谈笑风生呢？

【指点迷津】

原来是因为肖先生在面试的时候，太过于紧张，并且过往屡次面试失败的经历挫败了他所有的自信心，一次次的打击让他更加惧怕面试。反而在毫无防备下没有任何紧张情绪，与一旁的乘车人聊天时，他心态非常放松，所以能够展现出应有的水平。这就是我们在就业时应该注意的心理问题。

【知识链接】

一、常见的就业心理困扰

在社会发展极其迅速的当下，就业形势愈发严峻，面对就业问题，刚刚踏出校门的毕业生可能会出现各种各样的就业心理问题。

(一)矛盾心理

矛盾心理的产生，源自对踏入社会一展身手的期待与自身能力能否胜任社会人角色的疑惑之间的冲突。这是很多初出校门的毕业生所面临的两难处境，经过义务教育阶段、职业教育阶段的学习，他们渴望踏入社会，独立生活，但对未知世界和对自身能力的不确定感也随之而来，这时便很容易产生矛盾心理。

(二)自我期望值过高

现今的中职生多为独生子女,其中部分人成长在家人的过分照顾与爱护下,父母及其他长辈往往对他们有求必应,这样的成长环境容易造成他们自视甚高的不合理的自我认识。这样不合理的自我认识也会对他们毕业后的择业造成一定的消极影响,不能够客观评价自我,在择业过程中极易造成眼高手低、好高骛远的状况。部分中职生对于未来所从事的岗位有着超出自身能力范畴的过高期望。理想很丰满,现实很骨感,这一切都是源于学生不合理的自我期望。

(三)逃避心理

当下很多青少年,一出生就是锦衣玉食的生活,父母及其他家人对他们成长过程中的大小事情都包办到底,养成了这部分孩子过分依赖家长的性格特点,缺乏吃苦耐劳的精神。毕业后,对于工作的选择也表现出消极、被动的态度,等待学校提供就业单位或者父母提供工作平台,等待好的工作机会主动找上门来。这样消极、被动的逃避心理,让他们与很多好的工作机会失之交臂,在工作岗位上也容易出现消极怠工的现象。

(四)自卑心理

部分中职生存在自卑心理,认为相比于同龄普通高中生,自己的文化水平有所欠缺,而相比于年长一些的普通大学生,竞争力更是差一大截。面临严峻的就业形势,他们难免对自身能力感到不够自信,对于就业存在畏惧心理,害怕踏出校门,在面试中感到过度紧张,害怕独立工作,很难适应社会生活。

二、就业心理调适策略

(一)摆正位置、适应角色转换

校园环境相对于社会环境来说,更为单纯,有教师悉心的指导、父母无微不至的关心,学生要做的只是努力学习知识和技能,提升个人能力。但社会尤其是职场,要复杂很多。踏入社会,他们的角色不再是那个时时处处都备受照顾和保护的学生,而是需要独当一面的职业人,所以,作为即将毕业的中职生,需要及时调整心理状态,提前了解社会环境和未来工作环境,做好角色转换。

(二)敢于展示自己

社会充满竞争,职场更是如此,如何能够在激烈的竞争中脱颖而出,体现出自己无法被替代的核心竞争力,不仅需要过硬的知识、技能和职场经验,更需要勇于自我展示的强大内心。部分中职生存在自卑心理，害怕在人前讲话或展示自我，这样的心理需要及时调整。通过不断尝试，从简单任务到复杂任务，逐步培养自我表达与展示的自信心及效能感。

（三）终身学习

学习并不仅仅局限于校园内、课堂上，社会生活的方方面面都需要学习，尤其是对于初出校园的职场新人，更应该保持终身学习的理念，不仅应该在知识技能、业务能力方面不断寻求更大的提升，更应跟职场前辈学习组织协调、临场应变以及人际交往等的技巧。

（四）正确面对挫折

一个初入社会的“菜鸟”在刚刚进入职场时，遭遇挫折是难免的。一些人在经历了挫折之后，一蹶不振，自我贬低，面对新的工作任务丧失挑战的热情，一直在上一次失败的阴影中无法走出。然而，这样的状态对于个人成长与发展，毫无益处。毕业生在进入职场前，应充分认识到挫折的两面性，它可能是一次失败、痛苦的经历，但也可以将其转化为追求更大进步的成长契机。在每一次挫折中，学会冷静分析、自我反思，查找问题，并在下一次的挑战中继续摸索前进，只有这样才能够尽快成长为一名成熟的职业人。

【心灵万花筒】

测一测

现代鲁滨孙①

假设在度假过程中，你所乘坐的游轮突发意外事故，必须紧急靠岸。而轮船周围有六座岛屿，这些岛屿只能通过轮船与外界联系，一旦选择其中一个岛屿上岸，将意味着你可能会在未来很长一段时间之内都要生活在这里。

请在以下六个岛屿中按照自己的喜好程度，依次选择三个。

A岛——美丽浪漫岛

这个岛上到处是美术馆、音乐厅，弥漫着浓厚的艺术文化气息。岛民们保留着传统的舞蹈、音乐与绘画技艺。许多文艺界人士都喜欢来到这里开沙龙、派对，寻求灵感。

C岛——现代井然岛

处处耸立着现代建筑，是一个进步的、都市形态的岛屿，岛上的户政管理、地政管理及金融管理都十分完善。岛民们个性冷静保守，处事有条不紊，善于组织规划。

① 戴晓阳. 常用心理评估量表手册[M]. 北京：人民军医出版社，2015.

E岛——显赫富庶岛

该岛经济高度发展，处处是高级饭店、俱乐部、高尔夫球场。岛民性格热情豪爽，善于企业经营和贸易活动。岛上往来者多是企业家、经理人、政治家、律师等等。这些人士在岛上享受着高品质生活。

I岛——深思冥想岛

这个岛平畴绿野，人少僻静，适合夜观星象。岛上有很多天文馆、科技博物馆、科学图书馆。岛民们最喜欢宅在自己的小房子里，天天钻研学问，沉思冥想，探究真知。哲学家、科学家和心理学家们在这里聚会，讨论学术，交流思想。

R岛——自然原始岛

这是个自然生态优良的绿色之岛。岛上不仅保留有热带雨林等原始生态系统，而且建立了相当规模的植物园、动物园、水族馆。岛民以手工制造见长，他们自己种植花果，栽培蔬菜，修缮房屋，打造器物，制作工具。

S岛——温暖友善岛

这个岛的岛民们都性情温和，乐于助人，人际关系十分友善。大家互助合作，重视教育后代。每个社区都能自成一个密切互动的服务网络，处处充满着人文关怀气息。

思考：你分别选择了哪三个岛屿？按照喜好程度排序的话，哪个岛屿第一，哪个第二，哪个第三？为什么要这样排列？

六个岛屿对应着六种职业兴趣特点，大家可以依照自己的选择，了解对应的职业兴趣分别是什么。

扫描二维码查看六个岛屿分别对应的职业兴趣特点。

第三节　创业心理调适

【案例启迪】

华为技术有限公司主要创始人任正非出生于贵州的一个贫困山村。大学毕业后的任正非投身部队成为一名建筑兵，后转业。1987年，已年满43岁的他，在经历了工作上的不顺利后，决定在深圳创业，成立华为技术有限公司。

创业之初他和同事经历了种种困难和挫折，办公条件更是异常艰苦，但任正非却立志要将华为打造成世界级的优秀企业。2002年，公司内外矛盾交集差点破产，他每天工作十多个小时，仍然感到一筹莫展，时常在噩梦中惊醒。但他并没有就此放弃，而是咬紧牙关、努力坚持、毫不退缩，他用了两年时间让华为从内忧外患转危为安。今天的华为，已然成为世界知名科技企业，任正非的远大理想也终成现实。

【指点迷津】

任正非面对创业过程中的种种艰辛，他没有一蹶不振，而是直面困难与挫折，凭借坚定的信念和不服输的勇气带领华为一步步走向世界。

【知识链接】

一、常见的创业心理困扰

创业几乎没有坦途，总会遇到各种各样的困难与问题，而这些又容易引发进一步的心理困惑，常见的创业心理困惑包括如下几种。

（一）因能力不足引发的自卑心理

部分中职毕业生存在眼高手低的现象，空有理想却缺乏实践经验。多数学生在毕业时对社会现状不够了解，对于市场形势缺乏判断力，没有企业经营与管理方面的经验。中职生虽有实习经验，但多为一线的简单、重复工作，很少有学生能够对一家企业的运作模式有深入了解与认识。这便导致他们在萌生出创业念头的同时，也开始质疑自身的能力，导致想做而害怕尝试的尴尬处境。

(二)因资金不足引发的焦虑心理

足够的资金也是创业的必要条件,创办一个企业不仅需要初期投资,更要考虑后期运作费用以及一些突发状况需要的周转资金。在没有足够资金支持的条件下,一切的理想都是空谈。创业初期,会面对各个方面的困难,如果资金都不能得到有效保障,创业者很容易陷入焦虑不安的心理困境。

(三)因经历挫折而引发的抑郁情绪

创业者会面临多方面的压力,尤其是在创业初期。创业过程中遇到难题与挫折也属正常现象,然而中职毕业生年纪一般较小,人生经验、社会阅历以及心理承受力都相对较弱,在创业过程中经历了挫折后,很容易产生消极、抑郁的情绪,开始质疑自身能力,甚至放弃再度创业的念头。

二、缓解心理压力的方法

(一)调整心态、从容不迫

企业初创期会遇到很多难题,创业者在遇到问题时如果能够认识到困难的常态性,努力摆正心态,沉着应对,就已经成功了一半。相反,遇到困难后,心烦急躁,方寸大乱,不仅无益于问题的解决,反而会带来更多次生问题。

(二)培养其他兴趣爱好

面临创业过程中的种种压力,创业者可有意识地自行调整,如培养一些兴趣爱好,在工作之余,通过运动健身、听音乐、绘画、种植花草、饲养宠物等方式来排解压力。在繁忙的工作之余,能够全身心投入自己的兴趣爱好中,在做自己喜欢的事情的过程中,收获精神上的喜悦与平静,这也能为下一次更加精神饱满地投入工作提供良好的心理条件。

(三)换一个角度看问题

在面对运作过程中的亏损或创业失败时,尝试着转换看待问题的角度,将每一次的挫折都当作一次自我反思、总结的机会,在失败中查找、分析、总结问题,以有所准备、重新出发。挫折、失败并不可怕,可怕的是由此引发的自我否定与停滞不前。理性看待创业过程中的挫折,不轻易为自己贴上“失败者”的标签,学会换个角度看问题,是创业成功的必备条件。

（四）学会沟通与求助

创业过程中遇到问题，切忌一个人硬扛，应该学会与团队成员进行沟通、交流，合理分工，共同化解难题，或者向相关领域经验丰富的专家或企业家寻求经验与帮助，避免走不必要的弯路。

【心灵万花筒】

读一读

创业者需具备的几种心态

1. 学习的心态

学习是给自己补充能量，先有输入，才能输出。尤其在知识经济时代，知识更新的周期越来越短，只有不断地学习，才能不断摄取能量，才能适应社会的发展，才能生存下来。要善于思考，善于分析，善于整合，只有这样才能创新。读万卷书不如行万里路，行万里路不如阅人无数，阅人无数不如名师指路，因此，要紧跟成功者。

2. 归零的心态

重新开始。第一次成功相对比较容易，但第二次却不容易，原因是不能归零。一个企业的失败往往是因为它曾经的成功。事物发展的规律是波浪前进，螺旋上升，周期性变化。生活就是不断地重新再来。

3. 积极的心态

事物永远是阴阳同存，积极的心态看到的永远是事物好的一面，而消极的心态只看到不好的一面。积极的心态能把坏的事情变好，消极的心态能把好的事情变坏。当今时代是悟性的赛跑！积极的心态像太阳，照到哪里哪里亮，消极的心态像月亮，初一十五不一样。不是没有阳光，是因为你总低着头，不是没有绿洲，是因为你心中一片沙漠。

4. 坚持的心态

坚持的心态是在遇到坎坷的时候反映出来的，而不是顺利的时候。遇到瓶颈的时候还要坚持，直到突破瓶颈达到新的高峰。要坚持到底，不能输给自己。

5. 合作的心态

合作是一种境界，合作可以打天下，应该强强联合。合力不只是加法之和。“1+1=11”，再加“1”是“111”，这就是合力。但第一个“1”倒下了就变成了“-11”，中间那个“1”倒下了就变成了“1-1”。想要成功，要学会把积极的人组织在一起做事情。

6. 谦虚的心态

去掉缺点，吸取优点。虚心使人进步，骄傲使人落后。谦虚让你得到尊重。往往越饱满的麦穗越弯腰。

7. 感恩的心态

感恩周围的一切，包括坎坷、困难和我们的敌人。感恩是中华民族的传统美德，只有懂得感恩的人才是富足的人。我们一定要有感恩的心态，感恩就是感恩一切。事物不是孤立存在的，没有周围的一切就没有你的存在。

参考文献

[1]王园园,王晶.排解中学生成长烦恼的168个故事[M].北京:北京教育出版社,2006.

[2]心理学名词审定委员会.心理学名词[M].第2版,北京:科学出版社,2018.

[3]彭聃龄.普通心理学[M].第4版.北京:北京师范大学出版社,2012.

[4]戴晓阳.常用心理评估量表手册[M].修订版.北京:人民军医出版社,2015.

[5]虎啸,郝英莲.心态与健康[M].北京:中国财富出版社,2015.

[6]吕信恩.大学生心理咨询手记[M].杭州:浙江工商大学出版社,2016.

[7]周海燕.内在的力量[M].北京:中国商业出版社,2012.

[8]罗斯德.不抱怨的人生[M].北京:中国致公出版社,2009.

[9]牛小锋.怪诞心理学[M].长春:北方妇女儿童出版社,2014.

[10]广东省教学教材研究室.高中生心理健康教育[M].第2版.广州:广东教育出版社,2004.

[11]奚潘良,顾友珍.挑战亚健康[M].上海:上海社会科学院出版社,2002.

[12]周明明.大学生心理健康教育项目化教程[M].济南:山东人民出版社,2016.

[13]程样国,等.点亮心灵的明灯:大学生心理导航[M].南昌:江西高校出版社,2008.

[14]王国华.人生感悟:天使为什么能够飞翔[M].长春:北方妇女儿童出版社,2010.

[15]刘学军.从小事中学大道理[M].北京:中国国际广播出版社,1998.

[16]秦锴石.生活中的谋略[M].北京:中国纺织出版社,2009.

[17]孟建平.语文晨读·九年级(下)[M].第2版.西安:西安出版社,2009.

[18]袁章奎.中学班级心理团体活动142:为学生创造积极的心灵成长体验[M].北京:中国轻工业出版社,2018.

[19]吴少怡.大学生团体辅导与团体训练[M].济南:山东大学出版社,2010.